Couverture inférieure manquante

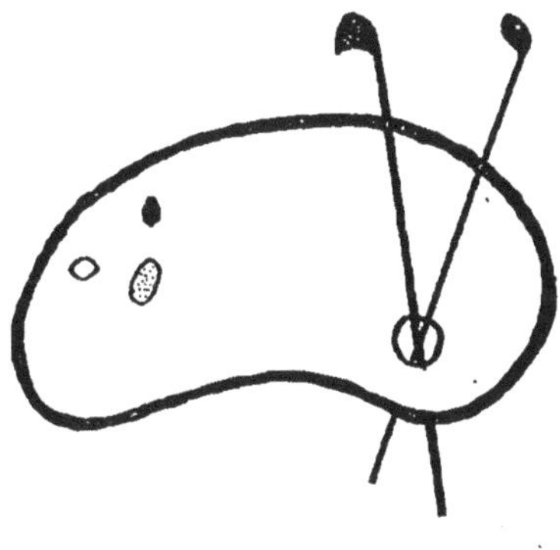

DEBUT D'UNE SERIE DE DOCUMENTS
EN COULEUR

L'ANTHROPOLOGIE

ET LE DROIT

PAR

L. MANOUVRIER

Professeur à l'École d'Anthropologie.

Extrait de la *Revue Internationale de Sociologie.*

2e Année, nos 4 et 5. — Avril et Mai 1894.

PARIS

V. GIARD & E. BRIÈRE

LIBRAIRES-ÉDITEURS

16, RUE SOUFFLOT, 16

1894

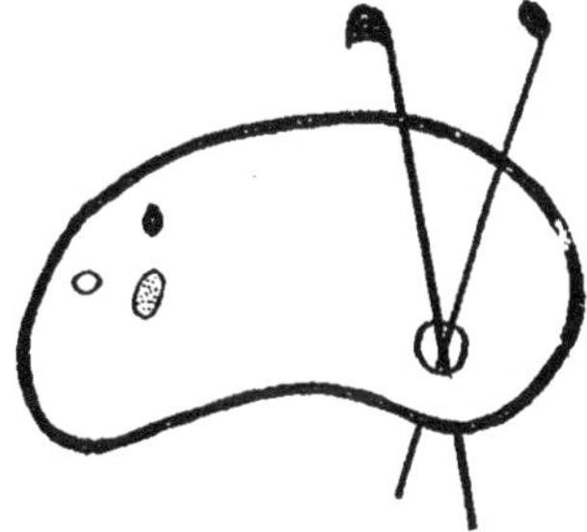

FIN D'UNE SERIE DE DOCUMENTS
EN COULEUR

L'ANTHROPOLOGIE

ET LE DROIT

Il s'agit de montrer que, dans son ensemble, le Droit peut et doit recevoir un certain degré d'orientation scientifique et que l'Anthropologie est la science précisément appropriée aux besoins scientifiques du Droit. C'est une vérité qui a dû être pressentie bien longtemps avant d'être formulée et qui a même reçu un commencement d'application. Mais elle n'est point encore reconnue dans toute sa largeur, et son application risque d'en être faussée en même temps que retardée. Il importe donc d'en donner une démonstration définitive et à l'abri des objections que soulève actuellement l'imparfaite compréhension des relations à établir.

Si l'Anthropologie était un peu plus avancée, la nécessité de ces relations apparaîtrait clairement aux yeux de tous et sans l'intervention de personne tant elle est évidente. Mais, encore en voie d'organisation comme science distincte, l'Anthropologie est généralement comprise d'une façon si incomplète et si étroite, que son immense portée pratique reste presque totalement inaperçue.

Dans un précédent travail (1), j'ai tenté de faire disparaître cet état de choses en montrant, à la lumière d'une classification natu-

(1) *Classification naturelle des sciences. Position et programme de l'Anthropologie.* (Association française pour l'avancement des sciences. Congrès de Paris, 1889.)

relle des sciences, ce que doit être l'Anthropologie et quel doit être son rôle dans l'évolution des arts qui ont pour but la direction de l'Humanité. A la thèse que je crois avoir démontrée dans ce travail, aucune objection n'a été faite que je sache et je n'ai rencontré de toutes parts, en France et à l'étranger, que des approbateurs; mais les questions de ce genre étant beaucoup trop abstraites pour intéresser un grand nombre de lecteurs et, d'autre part, les recueils scientifiques n'ayant pas, en général, le don d'attirer l'attention publique, il me faut solliciter celle-ci de nouveau. Me bornant à un exposé aussi succinct que possible de la question générale précédemment traitée, j'insisterai sur ce point de vue particulier de l'Anthropologie qui doit constituer ce que j'ai appelé l'Anthropologie juridique.

I

Le besoin d'une classification naturelle des connaissances humaines a été ressenti par de nombreux philosophes et savants qui comprenaient l'influence des vues générales sur la bonne organisation de la culture scientifique et, par suite, sur les progrès des sciences. Or une telle classification existe; non seulement elle est naturelle, mais encore elle est nécessaire et effective, car elle s'est produite en quelque sorte spontanément et nécessairement en vertu de rapports logiques de l'ordre le plus général que l'on puisse concevoir, en vertu de nécessités pratiques tellement fondamentales que la formation des sciences a eu lieu et se continue sous l'influence de ces rapports et de ces nécessités. Cette classification n'est l'œuvre de personne et il n'est au pouvoir de personne de la changer; qu'on la connaisse ou qu'on l'ignore, elle s'impose à tous inéluctablement. Les systèmes les plus ingénieux proposés depuis Bacon jusqu'à nos jours s'en sont rapprochés parfois, mais ont toujours été plus ou moins factices comparativement à elle. Aussi n'ont-ils pu influer que transitoirement sur la constitution des sciences par le fait même que cette constitution obéissait nécessairement à des lois naturelles. Il y a donc un très haut intérêt à connaître ces lois directrices et à les appliquer le plus largement possible.

La classification dont il s'agit a été aperçue par Auguste Comte qui l'a indiquée en deux lignes et l'a utilisée partiellement en détachant un groupe de sciences qu'il a appelées *fondamentales* et qu'il a rangées d'après leur degré croissant de complexité et leur généralité décroissante (1).

Dans le travail cité plus haut, j'ai développé l'ensemble de la classification et ce développement, que j'espère compléter, me paraît devoir suffire à lui seul pour rendre évidentes, entre autres, les vérités sur lesquelles je veux attirer de nouveau l'attention. Le lecteur pourra trouver s'il le désire, dans mon précédent travail, un aperçu plus complet et quelques explications qui ne seront pas superflues.

Les connaissances humaines se sont rangées, par la force des choses, en trois grandes classes :

1° Les sciences qui envisagent les différents ordres de *phénomènes ;*

2° Les sciences qui ont pour but la connaissance intégrale des différentes sortes d'*êtres ;*

3° Les arts qui ont pour but l'*action* sur la nature et qui utilisent de plus en plus les données de la science.

La première classe de sciences a été appelée classe des sciences fondamentales, parce qu'elle comprend en réalité toutes les connaissances scientifiques. En effet, l'étude complète de tous les ordres de phénomènes présentés par tous les êtres constitue évidemment l'étude de tout l'univers.

Les sciences fondamentales sont les suivantes :

Mathématiques, Physique, Chimie, Biologie (*Anatomie, Physiologie, Psychologie*) *et Sociologie.*

Ces cinq sciences, dont la dernière a été créée par Comte lui-même, constituent notre connaissance abstraite de la nature. Chacune d'elles suit un ordre de phénomènes partout où ces phénomènes existent et quels que soient les êtres qui les présentent. C'est ainsi que la Biologie, par exemple, poursuit l'étude des faits anatomiques et physiologiques dans toute l'immense série des êtres organisés, animaux et végétaux.

A. Comte s'est borné à développer cette première partie de la classification. Il en est résulté qu'on n'en a pas saisi toute l'importance. Il en est résulté ensuite que divers auteurs, ayant vainement cherché à caser l'Anthropologie dans quelqu'une de ces sciences fondamentales, en ont conclu que l'Anthropologie ne pouvait trou-

(1) A. Comte, *Cours de Philosophie positive*, t. II, leç. 2.

ver aucune place. Cette recherche était vaine et cette conclusion singulière, comme je vais le montrer en développant les deux autres classes de connaissances.

La deuxième classe de sciences est celle des sciences qui ont pour but l'étude des *êtres* et que Comte a appelées *particulières* et *concrètes*. Cette classe correspond assez bien à ce groupe de connaissances désigné vaguement sous le nom de *sciences naturelles* ou d'*Histoire naturelle*. Elle comprend les sciences suivantes :

Cosmographie, Météorologie, Géographie et Géologie, Minéralogie, Botanique, Zoologie.

Cette dernière science a été subdivisée en un grand nombre de branches qui correspondent aux différentes classes d'animaux. Telles sont, par exemple, l'Ichtyologie, l'Erpétologie, l'Ornithologie, la Mammalogie.

Or il se trouve, parmi les mammifères, une espèce assez importante pour mériter aussi l'honneur d'être étudiée séparément : c'est pour cela que le professeur Serres, du muséum d'Histoire naturelle de Paris, prit l'initiative d'intituler son cours *Anthropologie* ou histoire naturelle de l'homme. Là n'est point l'origine de l'Anthropologie, car l'homme a été étudié dès l'antiquité grecque tout au moins, et sans relâche depuis cette époque, par les philosophes, les zoologistes et les médecins. Mais c'est au Muséum de Paris qu'elle s'est constituée comme branche de la Zoologie sous l'influence si générale du besoin de la division du travail. C'est sous l'influence du même besoin qu'elle s'est séparée de la Médecine à titre de science pure et de la Biologie à titre de science particulière, grâce aux efforts de Paul Broca. Quant à sa séparation de la philosophie métaphysique, c'est un fait qui est la conséquence de sa constitution comme science.

La deuxième classe de sciences, celle qui s'occupe des êtres, est une classe éminemment naturelle aussi bien que la première qui envisage les phénomènes. Elle ne peut cependant comprendre aucune étude qui ne puisse être déjà comprise dans les sciences fondamentales, puisque l'on ne saurait étudier chez les différents êtres autre chose que des phénomènes. Mais chaque classe de sciences embrasse la nature entière à deux points de vue dissemblables qui ont chacun leur importance. La première classe considère les phénomènes en eux-mêmes pour saisir les lois qui les régissent, leur enchaînement dans tout l'univers. La deuxième classe envisage les divisions de l'univers telles qu'elles sont, c'est-à-dire les différents êtres que nous avons besoin de connaître dans leur complexité, puisque c'est sur ces êtres complexes que nous avons à agir. Il s'agit de les étudier tous monographiquement, c'est-à-dire d'étudier sur chacun d'eux tous les ordres de phénomènes qu'il présente avec le mode d'association de ces phénomènes entre eux, mode qui varie dans chaque sorte d'êtres.

Ainsi la deuxième classe de sciences ne fait nullement double emploi avec la première et c'est pour cela que les sciences de *phénomènes* et les sciences d'*êtres* se sont développées parallèlement en se prêtant un mutuel secours. Un phénomène n'est connu que lorsqu'on l'a suivi dans tous les êtres ; un être n'est connu que lorsqu'on a étudié tous les phénomènes qu'il présente, et qu'on les a étudiés sur lui, car chaque ordre de phénomènes revêt dans chaque sorte d'êtres des caractères particuliers et des connexions particulières. C'est ici qu'apparaît avec évidence la raison pour laquelle se sont constituées les sciences de la deuxième classe en même temps que les sciences de la première classe. Ces deux classes de sciences se sont véritablement formées par suite des nécessités imposées par la nature elle-même aux investigateurs, et c'est en partie pour cela que la classification ici exposée nous fournit des enseignements irrécusables au point de vue de l'arrangement et des divisions de nos nouvelles connaissances.

Cette classification rend évidentes plusieurs vérités fort importantes pour l'Anthropologie. Elle montre d'abord que cette science possède une place si naturelle parmi les autres sciences que son absence constituerait une lacune des plus singulières. Il serait étrange en effet, que l'homme ait compris le besoin d'étudier à part et intégralement chaque sorte d'êtres et qu'il fît une exception pour sa propre espèce dont la connaissance spéciale lui importe au suprême degré.

On voit en second lieu que, si l'Anthropologie étudie chez l'homme des phénomènes qui sont déjà du domaine des sciences fondamentales, elle a cela de commun avec la Zoologie entière, avec la Botanique, avec toutes les sciences de la deuxième classe. Il faut que l'homme soit étudié monographiquement et complètement par une science qui étudiera tous les phénomènes qu'il présente : anatomiques, physiologiques et psychologiques, sociologiques, bien que l'étude de ces phénomènes appartienne aussi, mais à un autre point de vue, à l'Anatomie, à la Physiologie et à la Psychologie, à la Sociologie. Ces dernières sciences ont pour but la connaissance intime des phénomènes considérés en eux-mêmes et poursuivent pour cela leur étude dans toute la série organique. L'Anthropologie vise la connaissance intime et complète de l'homme. Si elle n'envisage que le côté anatomique ou bien le côté psychologique, ou bien le côté sociologique, elle manque son but, le but naturel et obligatoire pour elle que lui indique la classification des sciences. Il est curieux de voir combien certains anthropologistes sont peu conséquents avec eux-mêmes. Ils définissent l'Anthropologie « l'histoire naturelle de l'homme ou la Zoologie de l'espèce humaine », ce qui est correct. Ils savent, d'autre part, que la Zoologie s'occupe de tous les ordres de phénomènes présentés par les animaux : anatomiques, physio-psychologiques et sociologiques. Et cependant, lorsqu'il s'agit du but de l'Anthropologie, ils ne voient plus que les seuls faits anatomiques et ils abandonnent les faits physiologiques et sociologiques humains à la Physiologie et à la Sociologie. Alors qu'ils abandonnent aussi les faits anatomiques à l'Anatomie pour la même raison : et il ne restera plus qu'à supprimer le mot Anthropologie. On supprimera de la même façon la Zoologie, la Botanique, la Minéralogie, etc., puisque toutes ces sciences ne sauraient étudier, elles aussi, que des phénomènes, et qu'il y a déjà d'autres sciences, celles de la première classe, aptes à comprendre l'étude de tous les ordres de phénomènes quels qu'ils soient et où qu'ils se trouvent.

Il faut admettre, ou bien que l'Anthropologie embrasse l'étude complète de l'homme, aux trois points de vue anatomique, physiologique et sociologique, ou bien que l'Anthropologie n'a aucune raison d'être et, par conséquent, que l'homme est le seul être de l'univers, dont l'étude spéciale et intégrale ne soit pas nécessaire.

Or la suite de la classification va précisément nous montrer combien cette étude est, au contraire, indispensable.

La troisième classe de nos connaissances comprend toutes celles qui se rapportent à l'action de l'homme sur le reste de la nature et sur lui-même. Ces connaissances constituent les *arts*. Ceux-ci ont une origine antérieure à celle des sciences, parce que l'homme a eu besoin d'agir avant que de savoir ; ils ont tous commencé par le tâtonnement et l'empirisme, mais ils ont peu à peu profité du progrès des sciences, si bien que certains d'entre eux tendent à devenir de plus en plus de véritables sciences d'application.

Ce sont :

Les arts mécaniques et industriels (constructions, navigation, etc.) ; l'Agriculture ; la Zootechnie.

Les premiers ont pour but l'action sur les êtres les moins complexes. Ils utilisent les sciences les moins complexes et les plus avancées. Ils sont arrivés pour cela à un très haut degré de précision.

L'Agriculture a pour but principal l'exploitation du règne végétal. Elle utilise à la fois les données de sciences relativement simples et de sciences très complexes, telles que la Biologie végétale et la Botanique.

La Zootechnie a pour but l'exploitation des animaux. Elle utilise plus spécialement la Biologie animale et, parmi les sciences de la deuxième classe, la Zoologie. Il semble tout naturel à tout le monde, aujourd'hui, que pour utiliser le mieux possible les animaux, il ne soit pas superflu de les connaitre.

Et l'homme ?

N'a-t-il pas à se conduire lui-même, à se perfectionner, à élever ses enfants ? L'espèce humaine ne forme-t-elle pas des sociétés qui ont également besoin d'une direction ?

Oui sans doute, mais, en ce qui concerne l'homme, tout cela est complètement réglé. Il n'a qu'à se mouvoir docilement dans la voie que Dieu a pris soin de lui tracer. Les prêtres, les métaphysiciens, les législateurs lui ont montré sa ligne de conduite. Tout irait très bien s'il n'y avait pas de malheureux instincts de rébellion qui se manifestent trop souvent et qu'on est obligé de réprimer.

Voilà ce que répondrait peut-être un revenant du moyen-âge. Il me semble pourtant, sans vouloir choquer personne, que ni les prêtres, ni les métaphysiciens, ni les législateurs qui ont réglé la conduite des hommes et des peuples ne possédaient la science infuse. Même si l'on envisage exclusivement les intentions désintéressées et morales des artisans de nos codes, on ne peut s'empêcher de comparer leurs efforts à ceux des médecins qui, de tout temps, ont eu aussi pour but une action bienfaisante, mais dont l'art, cependant, a été plus souvent nuisible qu'utile tant qu'il n'a pas été éclairé par la science. L'art de diriger et de régler la conduite des hommes a pu avoir, comme la médecine et l'hygiène, des Hippocrate, des Galien et des Esculape; il a pu acquérir par le tâtonnement et l'empirisme une foule de notions et de pratiques utiles, voire même de bons principes, de même que la médecine a pu trouver, sans le secours de la science, ses onguents et ses tisanes, les cataplasmes, les vésicatoires et les purgatifs, sans parler des préceptes hygiéniques souvent excellents. Mais d'autre part, les peuples ont été souvent exploités comme de vulgaires troupeaux; ils ont subi des lois et adopté des coutumes basées sur tout autre chose que leur intérêt éclairé par la science, de sorte que beaucoup de lois actuelles pourraient bien être un produit de l'ignorance ou de la barbarie et ne se maintenir que par la force de l'habitude, par l'inertie et la routine, aidées de la violence. Avec l'imitation, l'habitude, l'éducation et une forte police, il n'est si mauvais code qui ne puisse durer un certain temps, quelle que soit la somme de malheurs et de souffrances qu'il engendre.

En somme, la conduite et la direction des hommes ne sont autre chose que des arts qui ont eu, comme tous les autres, un début des plus obscurs et qui, plus que tous les autres, ont dû subir des déviations.

Ces arts renferment tous, néanmoins, un grand nombre de pratiques et même de principes justes acquis peu à peu dans le cours des siècles, et il ne faudrait pas croire que la science va les transformer de fond en comble. Mais il serait absurde de prétendre que les arts qui ont pour but la direction des hommes n'ont rien à emprunter à la science de l'homme. Il n'ont été que trop influencés par une métaphysique conçue à priori, c'est une raison de plus pour qu'ils aient besoin de se réformer à la lumière d'une anthropologie positive.

La communauté de leur but en fait un groupe très naturel auquel convient parfaitement le nom d'*Anthropotechnie*, analogue à celui de Zootechnie. Il faut donc ajouter à la 3e classe des connaissances l'Anthropotechnie, qui comprend :

1° *La Médecine et l'Hygiène de l'homme*, c'est-à-dire l'art de guérir, de soulager les malades et de prévenir les maladies.

2° *La Morale*, qui se rattache étroitement à l'Hygiène et qui est l'art de diriger l'homme dans la voie du bonheur et du progrès.

3° LE DROIT, *qui est l'art de codifier, conformément à la Morale, les rapports sociaux susceptibles d'être réglementés dans l'intérêt général, et de sanctionner les lois.*

4° L'Éducation, qui est l'art de dresser l'homme conformément aux préceptes des arts précédents.

5° La Politique, qui devrait être l'art de gouverner et de diriger les sociétés; mais cet art est encore si arriéré qu'on pourrait le définir, d'après son état actuel : l'art d'arriver au pouvoir, de s'y maintenir et d'en profiter par des moyens quelconques.

Voilà de quoi se compose l'Anthropotechnie dont la place dans la classification des connaissances humaines est marquée tout aussi naturellement que celle de l'Anthropologie. Il doit paraître évident, ce me semble, que la formation de l'Anthropologie implique la formation de l'Anthropotechnie, et que les rapports qui doivent exister entre l'une et l'autre sont exactement de même ordre que ceux qui existent entre la Zootechnie et la Zoologie. Le développement de la classification naturelle me paraît aussi montrer clairement la nature véritable des arts ci-dessus nommés que l'on considère parfois à tort comme des sciences.

Le tableau suivant résumera ce premier chapitre en montrant l'ensemble de la classification.

TABLEAU I

Classification des connaissances humaines.

Classe I *Etude générale des phénomènes.*	*Classe II* *Etude particulière des Etres.*	*Classe III* *Action sur la nature.*
Mathématiques. Physique. Chimie. Biologie { Anatomie. Physiologie. Psychologie. Sociologie.	Cosmographie. (1) Météorologie. Géographie et Géologie. Minéralogie. Botanique. Zoologie { . . . . / . . . . / Anthropologie	Arts mécaniques et industriels. Agriculture. Zootechnie. Anthropotechnie. { Médecine et Hygiène. Morale. Education. Droit. Politique. Arts esthétiques.

(1) Je substitue ici la Cosmographie ou, si l'on veut, la Cosmologie à l'Astronomie que j'avais primitivement placée en tête de la 2e classe comme étant une science d'êtres. Cela permet de laisser l'Astronomie dans la série des sciences fondamentales de Comte à la suite des mathématiques. On doit alors entendre l'Astronomie comme étant réduite à la Mécanique céleste, tandis que le mot Cosmographie ou Cosmologie indique mieux la totalité de l'étude particulière du monde astral envisagé comme classe d'êtres. Cette modification résoudrait peut-être une question longtemps agitée.

On pourra trouver dans ce tableau quelques desiderata et quelques motifs à discussion; mais il ne s'agit ici que de lignes générales. Sans vouloir éluder les critiques dont j'apprécie fort l'utilité, je dirai que certains perfectionnements de détail me paraissent possibles dès aujourd'hui; je ferai observer en outre que les sciences actuellement constituées ne se sont pas présentées d'emblée telles que nous les voyons et que plusieurs sont encore en voie de formation. Il faudra faire pour celles-ci ce que j'ai fait pour l'Anthropologie, et cela se fera nécessairement par le dégagement progressif de ce qui, dans telle ou telle science nouvellement formée, appartient encore à l'art ou de ce qui n'a pas encore été distribué conformément aux bases de la classification générale. Cet arrangement s'est effectué peu à peu au fur et à mesure du progrès des sciences; il continue à s'opérer de la même façon, suivant une loi que l'on ne peut plus méconnaître et dont la reconnaissance éviterait bien des pertes de force et de temps.

II

Nous pouvons maintenant examiner de plus près les relations de science à art qui doivent exister entre l'Anthropologie et l'Anthropotechnie; nous verrons ainsi ce que doit être l'Anthropologie juridique.

Voici d'abord un tableau des divisions de l'Anthropologie qui se sont produites jusqu'à présent sans que personne ait eu besoin de les proposer. Ces divisions se sont produites sous l'influence des mêmes nécessités logiques et pratiques qui ont présidé à l'arrangement général des connaissances humaines; c'est pourquoi elles peuvent être distribuées en trois séries correspondant aux trois classes du tableau précédent. Les divisions formant les deux premières séries sont toutes couramment usitées. Le troisième groupe est celui dont il s'agit de montrer la raison d'être.

TABLEAU II

Divisions de l'Anthropologie.

Série I Étude des différents ordres de phénomènes présentés par l'espèce humaine.	*Série II* Étude des différents groupes ou catégories d'êtres humains.	*Série III* Anthropologie envisagée au point de vue de ses applications :
A. BIOLOGIQUE : A. anatomique. A. physiologique. A. psychologique. *A. pathologique.* A. SOCIOLOGIQUE.	Ensemble de l'espèce humaine : A. GÉNÉRALE. Espèce humaine comparée aux espèces voisines : A. ZOOLOGIQUE. Divisions de l'espèce humaine : A. SPÉCIALE. Races et peuples : *Ethnographie. Ethnologie. Démographie.* Races et peuples préhistoriques : *A. préhistorique.* Groupes et catégories quelconques : Sexes, âges, professions. Criminels, etc.	A la Médecine et à l'Hygiène : (A. MÉDICALE.) Au Droit : (A. JURIDIQUE.) Au Droit criminel : (*A. criminelle.*) A l'Éducation. A la Politique. Aux arts esthétiques.

La classification permet de prévoir et de ranger d'avance toutes les divisions susceptibles de se produire. En effet d'après le principe de la classification générale, toutes les sciences particulières renferment des divisions susceptibles d'être rangées ainsi en trois séries suivant l'ordre des phénomènes étudiés dans chaque classe d'êtres, suivant les catégories qui peuvent être formées dans chaque classe et d'après les applications. De plus, chaque division de la 1re classe comporte des subdivisions correspondantes aux divisions de la 2e, et réciproquement.

Il existe en Anthropologie et dans d'autres sciences certaines divisions telles que : Anatomie microscopique, Anthropométrie, Crâniométrie, Anthropologie statistique, etc., etc. qui ne sauraient rentrer dans le cadre précédent par la raison que ce ne sont point des divisions de science mais de simples divisions de technique englobant les objets et les recherches les plus disparates. Il importe de remarquer que les divisions de la série I comprennent toute l'Anthropologie et qu'il en est de même des divisions de la série II; c'est encore un trait de ressemblance avec la classification générale. Chaque groupe humain, chaque catégorie humaine, pour que sa monographie soit complète, doit être décrit, aux points de vue anatomique, physio-psychologique et sociologique. La monographie des criminels, par exemple, si elle était faite seulement au point de vue anatomique, serait l'Anthropologie anatomique des criminels mais non l'Anthropologie complète des criminels.

Les divisions de la série III constituent un ordre à part dont je dois montrer d'abord la légitimité.

Il importe de séparer l'Anthropologie, science pure, de l'Anthropotechnie qui est un groupe d'arts complètement distinct de la science anthropologique bien que devant s'inspirer de celle-ci. Mais la science pure doit-elle rester indifférente aux arts qui ont besoin d'elle? Evidemment non, car le but final de toute science n'est pas uniquement la satisfaction de notre curiosité; *savoir* pour *prévoir* et *prévoir* pour *pouvoir*, tel est, suivant l'expression d'A. Comte, le but de la science. Aussi le désir d'aboutir à tel résultat pratique a-t-il été le mobile direct d'une multitude de recherches scientifiques, et c'est très souvent le fait d'avoir abouti à de tels résultats qui met hors de doute la valeur d'un homme de science, sans qu'il faille pour cela juger de la valeur intrinsèque de telle recherche ou de tel investigateur d'après les résultats pratiques immédiats qui leur sont dus, puisque nous savons par expérience que ces résultats peuvent être très lointains et qu'il y en a toujours. Ils sont parfois possibles sans que ni le savant ni l'homme de l'art s'en aperçoivent; c'est pourquoi A. Comte et, après lui, H. Spencer ont insisté sur l'utilité d'une classe *d'ingénieurs* assez versés à la fois dans une ou plusieurs sciences et dans les arts correspondants pour apercevoir immédiatement et appliquer à l'art les données scientifiques pratiquement utilisables.

Dans les actes mécaniques et industriels, où la pratique pure est presque nécessairement dévolue à des ouvriers sans instruction, la distinction entre le praticien et l'ingénieur est nettement tranchée en même temps qu'indispensable. Elle ne le sera jamais autant dans les professions libérales où le praticien peut jouir d'une instruction supérieure et de loisirs suffisants quelquefois pour perfectionner celle-ci et songer aux progrès de son art. L'agriculture et la zootechnie ont déjà leurs ingénieurs, car les professeurs formés dans les écoles nationales et rétribués par l'État pour faire des conférences agronomiques dans les chefs-lieux de cantons et de communes ne sont pas autre chose.

L'Anthropotechnie aura plus tard, elle aussi, ses ingénieurs lorsque l'Anthropologie sera mieux en mesure de lui fournir des données pratiques indiscutables, ou lorsqu'on comprendra plus généralement que de telles données existent déjà en très grand nombre, et surtout lorsqu'il sera universellement reconnu que les arts qui ont pour but la direction des hommes sont perfectibles par la science comme l'art de construire des ponts ou de cultiver la terre.

De tous les arts anthropotechniques, la Médecine a été la première à entrer dans la voie scientifique. Elle est restée cependant un art en vertu de son but même, et il est probable qu'elle ne deviendra jamais complètement une « science d'application »; mais elle mérite déjà le titre d'art scientifique à cause de l'immense quantité de données scientifiques appliquées par les médecins modernes. On peut considérer ceux-ci, même ceux qui sont exclusivement praticiens, comme de véritables ingénieurs. C'est ainsi d'ailleurs que la loi considère les plus instruits d'entre eux en interdisant aux profanes, aux sages-femmes, aux officiers de santé d'intervenir dans les cas graves sans l'assistance d'un docteur. Ce docteur remplit exactement le rôle d'ingénieur lorsqu'il est consulté par les tribunaux, non pas pour secourir un malade, mais pour éclairer la justice sur des questions d'ordre anatomique, physiologique ou pathologique. Ce n'est pas au médecin à proprement parler que les tribunaux s'adressent, mais à l'homme de science, à l'anthropologiste doublé de « l'homme de l'art ». Il s'agit de juger un homme : l'on se renseigne auprès du médecin docteur qui a étudié l'homme sain et l'homme malade et qui est anthropologiste dans la mesure où il a fait cette étude. Les dénominations de médecin *légiste* et de médecine *légale*, qui ne sont pas correctes, sont antérieures à la conception moderne et positive de l'Anthropologie. Mais comme il n'y a guère que les médecins qui, encore aujourd'hui, étudient l'homme d'une façon étendue et approfondie, il est naturel que tout renseignement relatif à l'homme soit demandé à un médecin. Il n'en est pas moins vrai que si ce que l'on appelle aujourd'hui médecine légale devenait l'objet d'une spécialité bien séparée, indépendante de la profession médicale proprement dite, les médecins qui exerceraient cette spécialité pourraient recevoir correctement le titre d'antropologistes experts. Il est fort possible qu'un avenir relativement prochain voie se former cette spécialité avec une extension plus grande encore, lorsque la nécessité de la connaissance scientifique de l'homme aura été reconnue pour la totalité de la série anthropologique. A moins que les moralistes, les éducateurs, les juristes et les politiciens ne se mettent à étudier sérieusement l'Anthropologie, chacun au point de vue de son art spécial, ainsi que les médecins dignes de ce nom ont commencé à le faire depuis si longtemps.

Dans ce cas même, il y aura toujours des praticiens plus libres de leur temps et plus savants qui jouiront plus spécialement, comme cela se fait aujourd'hui en médecine, le rôle d'ingénieurs. C'est peut-être prédire trop longtemps à l'avance, mais je suis convaincu qu'il n'y aura pas d'école destinée à former des praticiens dans une branche quelconque de l'anthropotechnie qui n'ait son cours ou ses cours d'anthropologie, où la science de l'homme sera enseignée au point de vue de la morale, de l'éducation, du droit ou de la politique comme elle est enseignée dans les écoles de médecine au point de vue de la médecine et de l'hygiène. Quand l'étudiant en médecine dissèque, apprend l'anatomie, la physiologie, la pathologie humaines, il n'apprend pas la médecine, mais il apprend l'anthopologie médicale, c'est-à-dire la science de l'homme envisagée au point de vue de ses applications à la médecine; il se met en état d'apprendre, de pratiquer, et de perfectionner l'art médical conformément à la science.

Le moraliste, l'éducateur, le juriste et le politicien arriveront aussi à se préparer d'une façon analogue, et les médecins ne seront plus les seuls à connaître ce qu'il importe à tout homme de connaître, surtout à tous les hommes qui ont pour fonction de diriger les autres. Le médecin sérieux ne perdra rien à cette diffusion du savoir anthropologique, bien au contraire.

La spécialisation s'impose d'ailleurs dans le sein même de l'art médical, en raison de l'extension acquise par cet art et par les sciences auxquelles il se rattache ; car il n'est plus un seul médecin qui puisse prétendre à une compétence passable dans toutes les branches de la médecine et de l'hygiène. Il est donc nécessaire que chacun des arts anthropotechniques s'appuie, à la façon de la médecine et conformément à la forme de ses propres besoins, sur l'étude scientifique de l'homme, c'est-à-dire sur l'Anthropologie ; et il est nécessaire que chacun de ces arts arrive à posséder ses propres ingénieurs anthropologistes.

Voilà la raison d'être du troisième groupe de divisions à introduire dans l'Anthropologie; on peut l'appeler le groupe des divisions anthropotechniques. Ces divisions ne constituent pas des segments de la science: chacune d'elles comprend l'ensemble de l'Anthropologie enseignée à tel ou tel point de vue, mais toujours à un point de vue professionnel.

Ce genre de divisions n'est pas une nouveauté; l'Anatomie, par exemple, possède plusieurs divisions absolument analogues qui sont universellement acceptées.

Il y a l'Anatomie *médicale*, l'Anatomie *chirurgicale*, c'est-à-dire l'anatomie des médecins et des chirurgiens; il y a encore l'Anatomie *artistique*, ou anatomie des peintres et des sculpteurs. Celle-ci n'est autre chose que l'Anatomie *applicable* aux Beaux-Arts et *enseignée* aux artistes. On ne saurait trouver moins logique d'appeler Anthropologie médicale l'Anthropologie applicable à la médecine et enseignée aux médecins, anthropologie juridique l'anthropologie appropriée au droit et enseignée aux juristes, etc...

Pourquoi la médecine a-t-elle été parmi tous les arts anthropotechniques, le premier qui se soit inspiré de l'étude scientifique de l'homme? Pour diverses raisons dont la principale, je crois, est que les maladies ont été nécessairement reconnues pour la plupart (il ne pouvait y avoir de doute pour les blessures et les maux extérieurs), comme des accidents corporels. Les incantations et autres grimaces des médecins sauvages devaient rarement satisfaire les pauvres patients dans les cas de ce genre, et l'idée d'un mal matériel conduisait naturellement à l'idée d'une intervention topique, laquelle conduisait à des observations positives sur l'organisme et sur ses rapports avec les agents extérieurs. Et puis, le résultat de l'intervention médicale est généralement palpable à brève échéance. Les souffrances et la mort ou la guérison d'un malade sont de ces effets qu'il est malaisé de méconnaître. — Une autre raison qui a poussé la médecine dans la voie scientifique d'une façon relativement rapide bien qu'absolument lente, c'est que le médecin est plus souvent aux prises avec des troubles individuels anatomo-physiologiques, matière moins compliquée que les phénomènes d'ordre sociologique où la connaissance du corps humain et de son économie devient plus insuffisante.

Combien différente est la matière de la Morale, du Droit, de l'Education et de la Politique! Ici les causes et les effets eux-mêmes sont souvent inaperçus, et l'interprétation métaphysique des phénomènes a pu jusqu'à nos jours se donner libre carrière. Les conventions et les pratiques les plus absurdes pouvaient d'autant mieux passer pour des institutions naturelles ou divines que les individus nés au milieu d'elles arrivaient à s'y habituer et même à s'y adapter (bon gré mal gré), jusqu'à un certain point, même lorsqu'ils en étaient victimes. Morale, Droit, Education, Politique, tout cela d'ailleurs formait nécessairement un ensemble d'autant plus difficilement modifiable que les puissants en profitaient avec la consécration de la religion. Naguère encore on eût peut-être accusé d'attentat contre la Religion, la Famille et la Propriété celui qui aurait écrit les lignes précédentes. Et cependant, à ne considérer que le côté vraiment théorique et désintéressé des arts en question, n'est-il pas vrai qu'ils sont dans un état comparable à celui de la Médecine au temps d'Hippocrate? avec cette circonstance aggravante que ces arts sont actuellement en retard par rapport à la science dont ils devraient s'inspirer. Les juristes, moralistes et pédagogues retardataires courent déjà le risque d'être comparés aux médecins anti circulateurs, à ces Diafoirus dont on rit au théâtre et que l'on ne sait pas reconnaître en ville. On appelle parfois des *sciences* le Droit, l'Education, la Morale et la Politique; nos arrière-petits-fils verront peut-être dans cette appellation une ironie. Le comble de la science, pour le Droit, c'est de commenter le *Jus romanum* comme jadis on commentait Aristote, Hippocrate et Galien. La Morale semble être encore solidaire de la Métaphysique et de la Religion; elle joue, d'ailleurs, pour cette dernière, le rôle d'une planche de salut. Il en résulte que beaucoup de libres-penseurs, plus libres que penseurs à la vérité, lâchent tout à la fois la morale et le dogme et s'imaginent agir en profonds philosophes lorsqu'ils se conduisent malproprement sans courir aucun risque. Quant à la politique où la dissimulation, la ruse, la fourberie et la violence sont érigées en principes, si ce doit doit être une science, elle s'est vraisemblablement égarée jusqu'alors dans une voie bien différente de celle qu'ont suivie toutes les autres. La vérité, c'est que ce sont là des arts tous peu éclairés encore par les sciences, tous d'autant plus bienfaisants et d'autant moins nuisibles qu'ils sont plus éclairés. La médecine est un art, mais il y a *les sciences médicales*, et l'on doit entendre par là toutes les sciences envisagées au point de vue de leur contribution au perfectionnement de la médecine et de l'hygiène. Il faut admettre de même les sciences morales, juridiques, pédagogiques, politiques; et il faut entendre par là l'ensemble des notions scientifiques utiles à la Morale, au Droit, à l'Education et à la Politique. Mais cet ensemble de notions qui se rapportent à l'homme, ce n'est pas autre chose que l'Anthropologie : c'est précisément l'utilité de leur réunion qui constitue la raison d'être de la science particulière appelée Anthropologie. L'Anthropologie est donc à la fois une science médicale, morale, pédagogique, juridique et politique : c'est la science anthropotechnique si l'on se place au point de vue des applications. A ce point de vue, il est évident que l'Anthropologie peut comprendre autant de divisions anthropotechniques (série III du tableau II) qu'il y a de divisions dans l'Anthropotechnie, sans compter les subdivisions qui peuvent se produire.

Les pages précédentes suffiront, je pense, pour montrer qu'il ne s'agit pas là de confondre la science pure et ses applications, mais seulement de marquer le rôle de la science pure vis-à-vis des arts qui peuvent utilement puiser en elle des données exactes. Il est à souhaiter qu'il n'existe aucun anthropologiste assez borné pour s'alarmer de voir la science qu'il cultive appréciée et consultée par les hommes dont la mission est de diriger leurs semblables ; il est aussi désirable qu'aucun de ces hommes ne soit assez aveugle ou assez routinier pour refuser à l'art qu'il professe le droit d'entrer en relations avec la science pure. Ces relations sont indispensables à l'art ; elles sont loin d'être inutiles à la science, comme l'a fort bien dit A. Comte, parce que l'art pose sans cesse à la science de nouveaux problèmes, parce qu'il met à l'épreuve les données scientifiques et en fait souvent ressortir les imperfections.

La modestie convient à la science aussi bien qu'à l'art dans ces relations. Si l'Anthropologie affectait à l'égard de l'Anthropotechnie des airs conquérants, celle-ci ne tarderait pas à lui faire comprendre combien toute science paraît petite lorsqu'il s'agit de mettre en pratique les théories qu'elle a si laborieusement et si lentement conçues. Sera-ce dans les arts qui ont pour but de diriger les êtres vivants les plus complexes de tous que le véritable savant devra le moins sentir son insuffisance, alors que de chers malades lui auront vainement demandé leur guérison, alors que son propre fils qu'il s'est efforcé de tirer à droite se sera obstiné à aller à gauche, alors que des magistrats, des législateurs lui auront posé cent questions auxquelles il n'aura pu répondre ? L'art a pour lui l'expérience des siècles, des habitudes coordonnées entre elles et si anciennement enracinées parfois, que cela marche tant bien que mal, plus souvent mal que bien, mais enfin cela marche. C'est pourquoi les pratiques nouvelles prônées par la science ne sont pas acceptées sans résistance; on craint que cela n'aille plus mal qu'avant, et la routine se prévaut des dommages causés par certaines innovations adoptées trop précipitamment sous le couvert d'une science incomplète. On oppose à ces essais imparfaits quelques bonnes vieilles pratiques souvent non moins imparfaites, mais consacrées par l'usage. Il y a d'ailleurs dans tous les arts des pratiques réellement bonnes dont la science n'a pu encore trouver la théorie; c'est pourquoi le contact de l'art contribue quelquefois à éclairer la science. Mais là où apparaît bien la supériorité de cette dernière, c'est qu'elle perfectionne et transfigure toujours ces pratiques aussitôt qu'elle est parvenue à les comprendre.

III

Le Droit, comme tous les arts dont le but est la direction des hommes, a besoin des lumières de la science de l'homme; c'est là une de ces vérités élémentaires tellement évidentes que personne ne pourrait la méconnaître si elle n'était point obscurcie par les malentendus que nous chercherons plus loin à faire disparaître.

En pratique, les relations de science à art sont tellement nécessaires qu'elles se sont établies de tout temps sans qu'aucun philosophe ait eu besoin de les recommander. En ce qui concerne les relations de l'Anthropologie avec le Droit, il est vrai qu'elles ont besoin d'être systématisées et organisées; mais elles sont en réalité aussi anciennes que l'Anthropologie. Si elles ne sont pas plus fructueuses, il ne faut pas s'en prendre uniquement aux résistances de l'obscurantisme, de la routine et de l'égoïsme; ce sont là des obstacles sérieux au progrès des lois civiles, mais ce n'est pas cela qui pourrait s'opposer à l'admission théorique de cette vérité : que la connaissance scientifique d'une catégorie d'êtres quelconque doit être utilisée par les arts qui ont pour but l'action sur ces êtres. C'est une vérité dont l'évidence ne peut pas être plus méconnue que celle des axiomes géométriques.

Que beaucoup de lois, et des plus importantes, soient des résultats de l'ignorance, de la métaphysique, ou bien n'aient eu d'autre but que l'oppression des uns et la domination des autres, cela n'est pas douteux. Mais les grands législateurs, y compris ceux qui n'ont eu d'autre mobile que l'ambition, n'ont pas manqué d'utiliser, de tout temps, les connaissances plus ou moins scientifiques et spécialement anthropologiques qu'ils pouvaient posséder. Lorsqu'ils se sont basés sur des erreurs, ils n'en ont pas moins cru se baser sur des vérités. Plusieurs d'entre eux, s'ils pouvaient revenir, s'étonneraient sans doute de voir subsister dans des lois actuelles l'influence de leurs anciennes erreurs, alors que celles-ci sont reconnues comme telles. Les théologiens n'ont pas négligé plus que les autres les notions scientifiques qu'ils possédaient ou croyaient posséder. Beaucoup de ces notions étaient justes, du reste, car il n'est pas nécessaire qu'une notion soit complète, parfaite, pour être positive. Il y a des faits anthropologiques d'ordre anatomique, psychologique et sociologique tellement simples, visibles et palpables qu'ils ont été connus de tout temps et bien avant qu'aucune science fût constituée. Tels de ces faits ne sont pas mieux connus actuellement qu'ils ne l'étaient à l'âge de la pierre. L'ensemble des transformations qui caractérisent la puberté, par exemple, n'a pu être ignoré de nos ancêtres néolithiques et même paléolithiques. Des usages, pratiques, coutumes et même des lois ont dû dériver de ces antiques notions auxquelles la science moderne a peu ajouté, mais qu'elle a pu débarrasser d'erreurs parfois funestes.

Ce n'est point au mépris de la science anthropologique et de sa portée au point de vue juridique qu'il faut attribuer la pauvreté des relations existantes entre cette science et le Droit; c'est plutôt aux imperfections de la science. Dès que l'Anthropologie sera reconnue, ainsi qu'elle doit l'être, comme étant la science de l'Homme, et non plus comme une simple étude généalogique des races, la nécessité des applications de cette science à l'art juridique deviendra presque un truisme.

Bien que la science de l'Homme doive être logiquement rangée dans l'histoire naturelle et qu'elle doive beaucoup aux naturalistes, elle a été surtout cultivée par les médecins dont elle a été longtemps une sorte d'apanage presque exclusif. C'est ainsi d'ailleurs que les sciences se sont primitivement formées au sein des arts. Non seulement la Pathologie humaine, mais encore l'Anatomie et la Physiologie, une fois constituées comme sciences, sont restées en quelque sorte entre les mains des médecins. Elles y sont encore en grande partie, et quand les juristes, en tant que magistrats surtout, ont eu besoin d'y recourir, c'est naturellement aux médecins qu'ils se sont adressés. Ainsi s'est formée la médecine légale, mieux nommée, d'après son rôle usuel, médecine judiciaire. Tel est le second stade de l'évolution de l'Anthropologie juridique, stade qui correspond à un stade analogue de l'Anthropologie. Ce n'est plus le stade embryonnaire, c'est le stade fœtal si l'on veut, auquel nous en sommes encore à l'heure actuelle et auquel succédera peu à peu celui que nous nous efforçons de préparer en cherchant à faciliter l'éclosion définitive de l'Anthropologie.

Quand cette science sera complètement constituée et organisée, le Droit ne manquera pas d'en profiter ainsi que tous les arts anthropotechniques, dans la mesure des lumières acquises. Mais, pour le moment, l'Anthropologie ne semble comporter aux yeux de la plupart des juristes que des applications judiciaires ou pénitentiaires.

L'Anthropologie était effectivement organisée comme science distincte depuis un certain nombre d'années, mais trop étroitement comprise et mal délimitée, lorsqu'apparut cette théorie suivant laquelle les criminels formeraient une sorte de variété humaine, une sorte de race pathologique née pour le crime en vertu de l'atavisme. Comme la théorie du « criminel-né » était aussi séduisante que simple, comme elle se présentait sous un aspect scientifique et semblait descendre en ligne directe de la grande théorie de l'évolution, elle séduisit plusieurs juristes éminents qui, loin d'être hostiles à l'orientation scientifique du Droit, semblaient être à l'affût d'une découverte comportant des applications juridiques. Pour d'autres hommes de loi ou administrateurs qui se trouvaient encore, sans doute, en pleine métaphysique, cette théorie (on peut lui en savoir gré) fut un signal d'émancipation, comme si la doctrine du libre arbitre n'eût jamais reçu de coup plus sérieux. Plusieurs ont paru croire, très sincèrement, que la doctrine du déterminisme était liée à la théorie de l'innéité du crime et que, lutter pour cette théorie, c'était lutter pour la science contre la métaphysique, pour le progrès contre la barbarie, pour la « Nouvelle école positive » contre l'ancienne école métaphysique. Il ne faut pas s'en étonner outre mesure. On voit encore des personnes pour lesquelles la Biologie est représentée par le système de Gall et l'Anthropologie par la mesure de l'angle facial de Camper. Le public est curieux de savoir, mais la science ne l'attire qu'à la condition de lui apparaître sous une forme à la fois pédantesque et peu compliquée.

Grâce à l'erreur de M. Lombroso, qui fit considérer les criminels comme une variété de l'espèce humaine, l'étude des criminels pût être acceptée par lui et par ses nombreux disciples comme rentrant dans le cadre de l'Anthropologie tel qu'il était généralement conçu. Il y eut donc l'*Anthropologie criminelle*. Et comme la théorie faisait du crime une conséquence directe d'un état anormal ou pathologique, il allait de soi que cette nouvelle branche de l'Anthropologie relevait tout spécialement de la Psychiâtrie. Comme, d'autre part, c'était toujours à propos de crimes que les magistrats avaient depuis longtemps la louable habitude de consulter les médecins, la Médecine légale ou judiciaire se trouva presque absorbée dans l'Anthropologie criminelle ou réciproquement. Il n'y eut donc rien de changé dans les habitudes soit médicales, soit judiciaires, sauf l'introduction du mot *anthropologie* dans le domaine médico-judiciaire, introduction très heureuse à mon sens, bien que faite à la faveur d'une théorie fausse.

Il n'y eut rien de changé quant au fond. M. Lombroso a bien essayé, dans un livre récent (1), de donner quelques exemples des applications de sa théorie telles qu'il les a conçues, mais il est douteux que les juges et les médecins experts consentent à entrer dans cette voie du diagnostic en matière criminelle, qui rappelle trop les fameux écarts des phrénologues.

Il est vrai que le même livre expose une foule de progrès ou de tentatives de réforme, concernant surtout l'administration pénitentiaire, effectués depuis une vingtaine d'années ; mais on se demande en quoi ces essais se rattachent à la théorie de l'innéité du crime. Non seulement ils en sont indépendants, mais encore ils supposent l'admission d'une doctrine absolument contraire. Il est bien possible que l'initiative de quelques administrateurs ait été mise en branle sous l'influence de l'agitation néo-criminologiste; mais, pourtant, ce n'est point cette agitation qui a révélé aux juges et aux administrateurs l'existence de criminels d'habitude et professionnels, de criminels récidivistes et dangereux, de criminels par surprise ou par occasion, de criminels par folie, par épilepsie franche ou larvée, de criminels dégénérés, etc., de criminels incorrigibles et de criminels susceptibles d'être ramenés à l'honnêteté. Ce n'est certes pas de la théorie de l'innéité atavique et pathologique du crime que se sont inspirées tant de tentatives pour modifier les influences de milieu qui préparent au premier crime, qui conduisent à la récidive, qui constituent l'éducation criminelle, qui rendent souvent impossible la

(1) *Les applications de l'Anthropologie criminelle.*

vie honnête. Rien au contraire n'aurait été plus favorable au maintien de la fabrication sociale des criminels qu'une théorie rejetant sur l'atavisme la responsabilité de cette fabrication et exagérant outre mesure la genèse pathologique du crime.

C'est en dépit de cette théorie que des progrès sérieux s'accomplissent ou sont réclamés chaque jour en matière de Droit criminel, d'administration pénitentiaire et de Droit civil. Et si cette théorie a exercé, malgré sa fausseté, une heureuse influence, c'est qu'elle a fait beaucoup de bruit et qu'elle a provoqué en faveur des influences de milieu une réaction proportionnée. Plus l'école de l'innéité insistera sur la genèse atavique du crime, qui lui sera laissée pour compte, et sur l'influence de la dégénérescence qu'elle a simplement exagérée, plus la genèse normale du crime sera mise en lumière par l'Anthropologie avec les applications indéfinies qu'elle comporte au point de vue de la Morale, du Droit, de l'Education et de la Politique.

Dans quelle mesure les erreurs innéistes ont-elles été une cause occasionnelle du mouvement progressiste qui s'est produit dans l'art juridique, il serait bien difficile de le dire, et nous ne croyons pas nécessaire d'enlever à M. Lombroso les illusions prodigieuses qu'il semble s'être faites sur ce point. Si quelque écrivain s'avisait d'entreprendre une apologie scientifique de la guerre, et s'il obtenait un succès assez grand pour occasionner un mouvement de réaction en faveur de la paix, tel que l'établissement de l'arbitrage international pût en résulter, peut-être cet écrivain se considérerait-il comme l'initiateur de ce progrès si désirable. La doctrine de l'innéité en matière criminelle semble avoir produit un effet de ce genre, car si elle a provoqué la réunion de trois congrès internationaux d'Anthropologie dite criminelle, le troisième de ce congrès, tenu à Bruxelles en 1892, lui a donné acte de son décès (un peu trop tôt à mon avis) non sans lui accorder de pompeuses funérailles. Et l'Anthropologie juridique continue tout doucement son évolution.

Divers orateurs ont protesté, au congrès de Bruxelles, contre ces expressions ambitieuses et un peu vieillotes : Ecole italienne, nouvelle école positive, etc. Si le terme *école* a un sens, on peut dire qu'il existe une école lombrosienne, caractérisée par une conception incomplète et erronée du crime et de son étude anthropologique ; il y a là un maître et des disciples. Mais d'Ecole italienne, il n'y en a pas, quelque haute valeur qu'on accorde aux travaux des Ferri, Colajanni, Garofalo et autres éminents juristes italiens qui ont mis leur talent au service du progrès juridique. Il y a une école positive ou scientifique en opposition avec l'école métaphysique, mais cette école n'est pas plus italienne que française ou britannique, même en ce qui concerne spécialement l'Anthropologie criminelle et l'Anthropologie juridique. De même que, si cette dernière expression doit prévaloir, on aurait tort de m'attribuer l'honneur d'avoir établi entre le Droit et la science des relations dont je prétends montrer, au contraire, la haute ancienneté et dont je cherche simplement à faciliter l'évolution.

Dans cette évolution de l'Anthropologie juridique, le système lombrosien a eu l'avantage d'associer le mot anthropologie au mot criminel et a contribué ainsi à faire reconnaître le côté anthropologique de ce qu'on avait appelé jusqu'alors la médecine légale ou judiciaire. Bien que les médecins légistes ne paraissent guère disposés, non plus que les juges, à diagnostiquer ni à pronostiquer d'après ce système, ils ont acquis la notion, vague encore, que les applications de l'anatomie, de la physiologie et de la pathologie humaines à l'art judiciaire sont surtout des applications de l'anthropologie, bien qu'elles soient et doivent être pratiquement dirigées par des anthropologistes médecins.

Là où apparaît le plus nettement ce petit progrès, c'est dans les *Archives d'Anthropologie criminelle* fondées et dirigées par un des principaux maîtres de la médecine légale en France, le professeur Lacassagne. On trouve dans ce recueil, conformément à son titre, un grand nombre de travaux évidemment anthropologiques qui eussent été rangés précédemment dans la médecine légale, bien qu'ils ne se rattachent pas à l'art médical. On y trouve aussi beaucoup d'articles et de travaux du genre de ceux qui figurent actuellement dans le programme de la médecine légale telle qu'elle est enseignée dans les Facultés de médecine. Cela prouve, je pense, que les médecins experts ou légistes commencent à se considérer, suivant l'excellent exemple donné par l'éminent professeur de médecine légale de Turin, comme des anthropologistes, et qu'ils commencent à considérer leur rôle (nullement curatif) auprès des tribunaux comme un rôle anthropologico-judidique, en tant qu'il consiste en applications de la science de l'Homme au Droit judiciaire.

Jusqu'à présent, ce rôle ne paraît pas avoir été sensiblement modifié par l'apparition du système lombrosien. La question de l'atavisme moral et de ses prétendus signes anatomiques a pu exciter dans le monde des tribunaux un certain mouvement de curiosité, mais les médecins experts ne sont pas encore priés de tirer des horoscopes. La justice est rendue d'après des éléments d'information et d'appréciation plus sérieux. On sait depuis longtemps établir des distinctions entre les récidivistes et les débutants, entre les délinquants professionnels et les criminels par accident. Si un « criminel-né » est innocent, on le relâche, et l'on condamne le gredin, fût-il honnête-né. Ce qui importe, c'est de ne pas commettre d'erreur sur l'identité des coupables et de ne pas prendre pour un débutant, souvent plus malheureux que criminel, un malfaiteur de profession. Aussi le procédé d'identification imaginé et admirablement organisé par M. Alphonse Bertillon a-t-il été, pour les administrations policière et judiciaire, un élément de progrès dont la valeur pratique a été en corrélation avec sa justesse théorique et sa rigueur technique, alors que le système lombrosien restait à peu près stérile en raison des défauts contraires et en dépit de son retentissement.

La précision de l'identification anthropométrique détruit l'un des arguments invoqués contre la loi Bérenger. Espérons que le bénéfice de cette sage loi ne sera jamais refusé à un délinquant sous le prétexte que celui-ci aurait les lèvres minces ou grosses, le visage imparfaitement symétrique, des oreilles mal ourlées, les mâchoires trop bien développées, etc., etc. Espérons aussi que le malfaiteur récidiviste ne sera pas excusé parce qu'il pourra poser pour les Apollon ou l'homme-moyen de Quételet.

En matière judiciaire, les magistrats continuent à demander aux médecins experts, comme par le passé, des renseignements relatifs à l'existence du crime, à son mode de perpétration, à l'état de la victime, à l'existence chez l'accusé d'un trouble mental, à l'influence qu'a pu exercer ce trouble sur le caractère du criminel et sur sa volonté. Il s'agit, en effet, de juger d'après des actes accomplis et non d'après des possibilités ou des tendances innées qui n'ont, en elles-mêmes, rien de criminel, qui sont innées chez tout homme normalement conformé, qui n'aboutissent au crime que sous l'influence de conditions extérieures (en dehors des troubles morbides), qui peuvent devenir d'autant plus dangereuses que l'individu est mieux doué, et qui conduisent de préférence au crime les individus psychologiquement mal doués simplement parce que ceux-ci sont plus exposés à être soumis aux influences de milieu qui orientent vers le crime les possibilités et tendances organiques innées. Je ne puis insister ici sur ces questions que j'ai étudiées ailleurs (1).

Il est certain que, dans le domaine judiciaire, l'Anthropologie est susceptible de provoquer dans l'avenir, encore plus que par le passé, de nombreuses applications juridiques ; mais il est aisé de prévoir que les diagnostics et pronostics lombrosiens resteront stériles sous ce rapport, comme la doctrine de l'innéité criminelle à laquelle ils sont attachés.

Mais le sort de l'Anthropologie et de ses méthodes d'observation n'est pas lié le moins du monde à celui du système en question. Dans toute science peuvent se produire des théories erronées, et les procédés d'observation ne doivent pas être rendus responsables, en quelque sorte, des erreurs et des exagérations qu'ils ont pu servir à étayer. La statistique et la méthode des moyennes sont, il est vrai, très difficiles à manier; la crâniologie, l'anthropométrie, l'esthésiométrie, etc., ne peuvent également rendre des services qu'entre des mains très expérimentées; la technique anthropologique dans son ensemble exige une longue et sévère éducation ; c'est pourquoi les trois quarts peut-être des recherches entreprises n'aboutissent guère qu'à accroître le stock déjà énorme des chiffres inutilisables. Mais si l'on veut laisser à la critique le temps de faire son œuvre et de tirer au clair les données scientifiquement valables, on verra que, peu à peu, l'Anthropologie s'accroît, profitant même des fautes commises, et qu'elle peut susciter d'une façon continue des applications anthropotechniques.

Dans le domaine de l'art juridique, c'est l'administration pénitentiaire bien plus que l'art judiciaire qui semble pouvoir puiser dès maintenant dans l'Anthropologie des indications. C'est d'ailleurs dans cette administration que le besoin de réformes urgentes et considérables paraît s'être fait sentir avec le plus d'intensité. Ce besoin, on peut l'affirmer hautement, sera d'autant plus vivement ressenti que l'influence morale du milieu sera plus largement comprise. Le régime pénal actuel est véritablement honteux pour notre civilisation, malgré la transformation qu'il a subie dans notre siècle. Aussi est-ce

---

(1) *Les aptitudes et les actes* (Bull. de la Soc. d'Anthr. de Paris, 1891. — Revue scientifique, 1891. — L'Ère nouvelle, 1893).

Questions préalables dans l'étude comparative des criminels et des honnêtes gens (C. R. du Congrès intern. d'Anthr. crimin. de Bruxelles, 1892).

La genèse normale du crime (Bull. de la Soc. d'Anthr. de Paris. Conf. annuelle transformiste, 1893).

de ce côté que les propositions de réforme abondent dans les congrès compétents. Sans doute il est extrêmement difficile et il sera le plus souvent impossible de ramener à l'honnêteté des adultes et même des jeunes gens que d'innombrables influences de milieu ont engagé dans la voie du crime; on n'efface pas plus, on efface peut-être moins la « seconde nature » formée après la naissance que les tendances purement héritées; et l'on ne peut guère empêcher qu'un prisonnier libéré se trouve exposé de nouveau à ces mêmes conditions sociales qui ont déterminé ses premiers délits.

Il ne faut pas non plus commettre l'exagération de croire que le perfectionnement social finira par supprimer complètement la criminalité. Mais il n'en n'est pas moins vrai que, dans l'état social actuel, l'imperfection des codes engendre à elle seule une multitude de crimes et que la façon dont la société agit à l'égard des criminels, en grande partie fabriqués par elle, semblerait imaginée dans le but de former des récidivistes. S'il est vrai que les codes actuels ne sont pas suffisamment moralisateurs, il est encore plus vrai et mieux reconnu que l'action du régime pénal est franchement démoralisante; elle l'est autant, sinon plus encore, que les influences scéléripares subies par tant d'enfants et d'adolescents dans leur famille et leur milieu social. Il n'y a pas bien longtemps qu'à Paris, des enfants arrêtés pour des délits quelconques étaient provisoirement enfermés au dépôt de la préfecture de police en compagnie de vagabonds adultes et de malfaiteurs de toute sorte. On conçoit que des magistrats et des administrateurs accoutumés et adaptés à de pareils errements aient accueilli avec satisfaction le livre sur l'*Uomo delinquente* où se trouvaient décrits comme caractères de « l'Homme criminel » toutes les altérations physiques et morales engendrées par le régime pénitentiaire. Mais il est probable que ces mêmes magistrats et administrateurs seront les premiers à entrer dans la voie des réformes et à provoquer celles-ci lorsqu'on leur aura montré sous son véritable jour la psychologie sociologique du crime. Une fois persuadés que les phénomènes qu'ils ont sous les yeux ont des causes accessibles à notre action, ils se livreront à la recherche et à l'analyse intéressante de ces causes. Ils arriveront à former des catégories et à imaginer pour chacune d'elles des moyens préventifs ou curatifs appropriés. Actuellement les prisons sont comparables à des hôpitaux dans lesquels il y aurait une administration mais pas de médecins. Je n'entends point dire par là que les criminels soient des malades et qu'il faille assimiler les prisons à des asiles d'aliénés. Je veux dire seulement que les crimes doivent être étudiés comme le sont les maladies et les criminels comme le sont les malades, de façon à ce que cette étude, à la fois biologique, psychologique et sociologique, puisse aboutir, comme en médecine, à une étiologie, à une criminologie analogue à la nosologie, à une thérapeutique et à une hygiène morales et sociales.

Par quels moyens pourrait-on entreprendre la réalisation de ce progrès? c'est une question qui ne peut être abordée ici et dont je ne me dissimule pas les difficultés. Je veux seulement indiquer à titre d'exemple qui se pose devant le Droit, l'état actuel de la pathologie, de la thérapeutique et de l'hygiène comparé à leur état ancien. Il existe là un parallélisme sur lequel je regrette de ne pouvoir insister, faute de place, et sur lequel je voudrais attirer toute l'attention du lecteur. Ce parallélisme permet d'entrevoir un état futur du Droit pénal dans lequel des moyens adroits seront substitués aux moyens violents, des moyens préventifs aux moyens tardifs, dans lequel une grande partie du travail absorbé aujourd'hui par la répression des crimes sera utilisé pour leur prévention. Dans l'ordre psychologique et sociologique, aussi bien que dans l'ordre purement biologique, les faits obéissent à un déterminisme rigoureux dont la connaissance doit aboutir à la possibilité proportionnelle de diriger les événements.

IV

Nous venons d'envisager, dans le Droit, l'art judiciaire et l'art pénitentiaire qui sont comme la clinique et la thérapeutique juridiques. Les progrès accomplis dans ces deux arts ont suivi le progrès philosophique qui a été lui-même une conséquence du progrès scientifique. L'art judiciaire s'est mis depuis longtemps en rapport avec la science, et spécialement avec la science de l'homme représentée par les médecins; l'art pénitentiaire, qui a un plus grand besoin de réformes et qui jouit d'une indépendance relative comme art administratif a été l'objet, lui aussi, de grandes tentatives progressistes inspirées par le besoin, par le bon sens et par l'observation vulgaire. Il faut bien reconnaître que beaucoup de notions positives existent avant d'être à proprement parler scientifiques. Ce n'est pas à la mécanique céleste que l'on doit la distinction entre le jour et la nuit, et la prédiction du temps a rendu bien des services avant qu'il fût question de météorologie. L'art pénitentiaire a réalisé des progrès considérables depuis un siècle; ses besoins actuels étaient si vivement ressentis lors de la réapparition de la doctrine de l'innéité du crime qu'il en résulta pour celle-ci un retentissement remarquable et pour l'art pénitentiaire un surcroît d'agitation.

La doctrine en question, bien qu'erronée et éphémère, conserve à son actif l'association heureuse du mot *anthropologie* au mot *criminel*, association maintenue par diverses revues et une série de congrès dits d'Anthropologie criminelle. C'est un nouveau pas vers la formation de l'Anthropologie juridique à laquelle il ne manque plus que la reconnaissance de la relation logiquement existante entre l'Anthropologie toute entière et le Droit tout entier.

Ce nouveau pas sera fait comme les précédents, en vertu de sa nécessité; il ne s'agit ici que de le hâter et de le favoriser en montrant cette nécessité. Pour le moment, les juristes considèrent encore l'Anthropologie comme une branche de la médecine et regardent ses applications au droit comme devant être limitées à des cas particuliers considérés comme plus ou moins anormaux ou pathologiques. Ce que l'on nomme Anthropologie criminelle n'est, effectivement, qu'une sorte d'enflure de la Psychiâtrie. Mais si la théorie atavique du crime s'écroule, et si la genèse pathologique du crime est réduite à sa véritable valeur, il reste la genèse normale du crime qui, pour n'être plus du domaine pathologique, n'en reste pas moins dans le domaine de l'Anthropologie, cette science envisageant l'homme normal aussi bien que l'homme malade. Il suffira donc que l'Anthropologie dite criminelle devienne l'Anthropologie juridique.

Qu'entend-on par Anthropologie criminelle?

Est-ce l'étude scientifique des criminels envisagés comme catégorie humaine? En ce cas ce serait un nom assez bizarre. Il existe en effet beaucoup d'autres catégories humaines, pour le moins aussi naturelles et aussi intéressantes, notamment celle des honnêtes gens, celle des enfants, des vieillards, etc., etc. Il y aurait donc, à l'instar de l'Anthropologie criminelle ainsi conçue : l'A. honnête, l'A. puérile, l'A. sénile!

En réalité l'A. criminelle a bien été conçue comme étude anthropologique des criminels, mais appliquée au Droit criminel; c'est pourquoi cette expression n'a point paru choquante. Dès lors, si l'on reconnaît la nécessité de relations analogues entre l'Anthropologie et le Droit civil, faudra-t-il donc admettre une anthropologie civile? Il le faudrait bien si l'on voulait conserver l'expression d'A. criminelle, mais cette expression née d'une théorie fausse et d'une conception rétrécie de l'Anthropologie, n'aura plus de raison d'être dès qu'on aura reconnu l'*A. juridique*, c'est-à-dire l'Anthropologie envisagée au point de vue de ses applications au Droit tout entier, tant civil que criminel.

Cette reconnaissance aura certainement lieu. Je viens de montrer qu'en fait les relations du Droit avec l'Anthropologie existent depuis très longtemps sous la forme embryonnaire de relations entre les tribunaux et les médecins, en dehors des questions médicales proprement dites. Ces relations n'ont paru nécessaires, jusqu'à présent, que dans l'application des lois et spécialement des lois pénales. Il ne s'agit plus que de les étendre jusque dans la réforme progressive des codes eux-mêmes. De même que les médecins s'efforcent de faire progresser l'art qu'ils exercent, aidés puissamment en cela par des médecins non praticiens et même par des savants non médecins, — ainsi les juristes, soit magistrats, juges ou procureurs, soit avocats, soit administrateurs, soit députés, ont à s'appliquer au perfectionnement du Droit. Pas plus que la médecine, le Droit n'est immuable; et puisqu'il n'est plus reconnu comme divin, puisqu'il ne doit plus dépendre de l'autel ou du trône, il devient un art, une portion de l'Anthropotechnie; les juristes doivent le prendre en main et le modifier selon l'intérêt des peuples, conformément à la Morale et à la science.

Or s'imagine-t-on un juriste assez éclairé pour comprendre qu'il a besoin de données scientifiques au sujet des criminels et assez borné pour ne pas ressentir le même besoin au sujet des honnêtes gens? On consulterait l'Anthropologie lorsqu'il s'agit des assassins et des voleurs, et l'on s'en rapporterait à la Théologie, au Droit canonique ou au Droit romain lorsqu'il s'agit de l'universalité des citoyens!

L'anatomie et la physiologie de l'homme, sa psychologie, sa sociologie, si imparfaites et si jeunes qu'elles soient, méritent assurément autant de crédit que les sources sacrées et antiques, plus antiques souvent qu'on ne le pense, auxquelles ont trop largement puisé nos codes. Il n'est pas trop tôt que le Droit entre à son tour dans la voie où l'a précédé la Médecine. Tel est le mouvement progressiste dont est résultée l'animation des congrès internationaux d'Anthropologie criminelle tenus à Rome, à Paris, à Bruxelles, qui seront suivis en 1895 du Congrès de Genève, et peut-être d'une longue série de réunions semblables. Dans une autre série de Congrès internationaux (Moscou, Paris), plus réellement et plus spécialement juridiques, des questions anthropologico-juridiques ont été mises à l'ordre du jour absolument comme le sont journellement des questions d'anatomie et de physiologie humaines appliquées à la Médecine et à l'Hygiène, dans des assemblées de médecins et de chirurgiens. Que ce mouvement n'ait pas été compris par certains anthropologistes ou certains juristes, cela importe peu, car beaucoup d'autres le comprendront et sauront favoriser son évolution. Sa lenteur provient en partie de la confusion si généralement faite entre la science et l'art, d'où il résulte que la médecine n'est point distinguée des sciences médicales, que le Droit pénal est considéré comme une science, que l'Anthropologie se trouve réduite à l'étude de certaines questions mal précisées et mal délimitées au lieu d'être comprise avec la vaste acception, conforme à son nom, qu'impose la classification naturelle des sciences. Nos conceptions, du reste, ne naissent jamais parfaites et ont besoin du temps pour se perfectionner.

Malgré tout, l'Anthropologie criminelle a été comprise dès le début, du moins partiellement, comme application de l'Anthropologie à une portion du Droit. Il n'y a pas lieu de s'étonner que sa formation ait devancé celle de l'Anthropologie juridique.

De même qu'un homme peu éclairé ne songe guère à consulter le médecin lorsqu'il s'agit de faire des projets et de régler son genre de vie, jugeant que la science n'a rien à voir dans sa conduite tant qu'il se porte bien, ainsi et mieux encore le *Corpus juris civilis*, issu de nobles ancêtres, nourri d'antiques traditions, de doctrines vénérables, tant sacrées que profanes, fortifié par des usages séculaires et protégé par la force armée, le *Corpus juris* doit être trop fier pour demander des avis à une science dont il sait à peine le nom. Tout est réglé d'avance ; cela n'a plus qu'à marcher. La gendarmerie aidant, cela marche en effet, et il n'est pas douteux qu'en l'absence d'un code civil et d'une armée à son service cela irait fort mal. Mais il n'est pas plus douteux que tout irait mieux si les juristes développaient en eux l'esprit scientifique et cherchaient dans la science moderne les notions qui faisaient défaut à leurs devanciers. En améliorant le code civil, on préparerait du même coup la réduction du code criminel. Ce dernier est un code thérapeutique ; le code civil est un code d'hygiène ou devrait l'être, car il devrait avoir pour guide la Morale qui est une hygiène.

On peut encore s'expliquer pourquoi le Droit criminel a compris le premier la nécessité de consulter les sciences si l'on songe que la matière du code pénal est beaucoup plus concrète en un sens que celle du code civil. Les magistrats chargés d'instruire et de juger une affaire criminelle ont une besogne qui n'est pas sans analogie avec celle du médecin; il n'est donc pas étonnant qu'ils aient songé les premiers à s'éclairer scientifiquement. On se trouve en présence d'un accusé; il s'agit de savoir s'il y a eu crime, comment et dans quelles circonstances le crime a été commis, quels sont les antécédents, quelle est la valeur morale et sociale de l'accusé, etc., toutes questions au sujet desquelles il serait superflu de consulter le Droit romain et les Auteurs. On s'adresse à un médecin anthropologiste, à un chimiste, voire même à un armurier expert, en tout cas à des gens ayant un savoir positif, tandis que lorsqu'il s'agit de régler abstraitement des rapports abstraits la nécessité d'informations exactes et précises se fait moins vivement, très peu sentir; et la méthode métaphysique, de concert avec l'intérêt du législateur, prend le dessus.

Il faut ajouter enfin, à la décharge des juristes, que les rapports du Droit avec la science sont beaucoup moins apparents en matière d'ordre entièrement sociologique qu'en matière de procès criminels où il s'agit toujours, dans la pratique, d'un cas concret, d'un individu donné. Mais ces rapports, pour être moins apparents à cause de l'état embryonnaire de la Sociologie, n'en sont pas moins incontestables. Sans doute l'Anthropologie ne saurait rendre dès aujourd'hui au Droit tous les services qu'elle est appelée à lui rendre un jour. Mais faut-il attendre que la science soit achevée pour en tirer parti? Est-ce que la Médecine n'a pas mis à profit les découvertes scientifiques au fur et à mesure de leur apparition? Est-ce que les écoles de médecine ne tiennent pas à honneur de mettre leurs élèves au courant de toutes les notions scientifiques susceptibles de les éclairer un jour ou l'autre dans l'art qu'ils veulent exercer?

L'Anthropologie sociologique est peu avancée, sans doute; ses applications seront plus difficiles encore à trouver que celles de l'Anthropologie physiologique et anatomique. Son contact est cependant nécessaire aux juristes. Elle-même y gagnera beaucoup parce qu'elle sera stimulée et éclairée par les besoins et les travaux de tous ceux qui auront à l'utiliser.

Il ne sera pas inutile d'ajouter quelques considérations relativement aux rapports qui, logiquement, doivent exister entre l'Anthropologie juridique et le Droit, entre les anthropologistes et les juristes. Ce qui s'est passé en médecine continuera à nous apprendre ce qui doit se passer pour le Droit, puisque la Médecine humaine et le Droit sont deux parties de l'Anthropotechnie.

La Médecine et l'Anthropologie ont aujourd'hui entre elles des rapports si intimes qu'elles sont assez communément confondues. Les médecins instruits sont devenus à un tel point des anthropologistes et, d'autre part, la science de l'homme doit tant aux médecins que cette confusion était presque justifiée dans la pratique, alors que l'Anthropologie n'était pas reconnue comme science distincte et que l'on désignait sous ce nom l'ensemble des doctrines métaphysiques relatives à l'homme. Mais, en réalité, la séparation qui s'est faite récemment n'a été autre chose que la reconnaissance explicite des différences logiques qui existaient aussi bien antérieurement entre la science de l'homme et l'art médical. Antérieurement à la séparation de l'Anthropologie comme science distincte, les médecins qui étudiaient l'homme faisaient à ce titre de l'anthropologie; ils étaient à ce titre des anthropologistes. Il en est de même aujourd'hui, car c'est le fait de contribuer directement aux progrès de la science de l'homme qui constitue l'anthropologiste, quels que soient l'art et la profession exercés d'ailleurs. Les relations étroites qui s'établissent entre les sciences et les arts n'empêchent point la science pure de rester absolument distincte de ses applications. Bien loin de vouloir favoriser la confusion trop souvent commise à ce sujet, je crois, au contraire, avec A. Comte, que la science est d'autant plus apte à faire progresser les arts qu'elle est plus distincte des applications pratiques (1). On peut ajouter aujourd'hui, aux exemples donnés par Comte, l'origine purement scientifique de l'immense progrès réalisé en médecine par les travaux d'un savant qui n'est pas médecin; ce fut à titre de savant que Pasteur fit partie de l'Académie de médecine ainsi que beaucoup d'autres savants physiciens, chimistes, anatomistes, physiologistes, etc., et l'on n'a point protesté à cette occasion contre la confusion de l'art médical avec la science pure.

La Médecine ayant le privilège, parmi tous les arts anthropotechniques, d'être un art en contact intime avec la science, on n'a qu'à regarder comment se fait ce contact en dehors de l'École, c'est-à-dire dans les sociétés médicales où s'agitent des questions scientifiques et dans les sociétés scientifiques où s'agitent des questions

(1) *Cours de philosophie positive*, T. I.

médicales. On apprendra ainsi que le mélange, dans certains congrès, de juristes et d'anthropologistes, de questions juridiques et de questions purement scientifiques n'est pas aussi choquant que le pensent certains anthropologistes. Insister davantage sur ce point serait inutile. Bornons-nous à dire, en ce qui concerne l'organisation des relations à établir entre le Droit ou les autres parties de l'Anthropotechnie et la science de l'Homme, que ces relations doivent être exactement de même ordre que celles qui sont depuis longtemps établies et organisées entre la Médecine et la science pure. Les savants n'en resteront pas moins des savants ; les juristes, pour devenir plus savants, n'en resteront pas moins des juristes; et l'Anthropologie, pour être utilisée par le Droit, n'en restera pas moins une science pure distincte de ses applications.

V

Afin de parfaire l'évidence de la thèse exposée dans les paragraphes précédents et que la classification effective des connaissances humaines aura suffi à elle seule, je pense, à faire reconnaître d'emblée par tout lecteur attentif, il me faut répondre aux objections déjà faites par divers auteurs et prévenir le retour d'objections analogues.

Il s'agit de savoir si, vraiment, le Droit civil peut recevoir de la science des indications au même titre que le Droit pénal et si l'Anthropologie est réellement la science appropriée à l'art juridique comme à l'ensemble des arts que j'ai réunis sous le nom d'Anthropotechnie.

Lorsque, au Congrès international d'Anthropologie criminelle tenu à Paris en 1889, je fis, dans ce sens une communication (1) dont le présent travail n'est que le développement, l'assemblée était si exclusivement préoccupée d'Anthropologie criminelle que mon opinion dut paraître un peu excessive. Pourtant, M. Lacassagne ayant proposé au Congrès d'émettre un vœu relatif à l'enseignement de la médecine légale dans les écoles de droit, j'insistai en faveur de l'Anthro-

---

(1) L'*A. criminelle et l'A. juridique* (C. R. du Congrès).

pologie juridique, et M. Moleschott ayant proposé de s'en tenir à l'enseignement de la science anthropologique sans épithète, appuyé en cela par M. Brouardel, je me ralliai aussitôt à cette formule. Elle me donnait en effet pleinement satisfaction, car l'Anthropologie enseignée dans les écoles de droit ne saurait être autre chose que l'Anthropologie juridique. D'autre part, M. Soutzo, professeur de médecine légale à Bucharest, eût voulu que l'on se contentât de l'enseignement de la médecine légale, disant que l'Anthropologie criminelle rentrait dans cette branche médicale. Il exprimait la conception primitive de l'Anthropologie criminelle telle que je l'ai représentée plus haut.

Mais il s'agissait d'élargir cette conception, et la formule du vœu adopté par le Congrès fut conforme à ce but.

Dans son livre déjà cité et publié un an plus tard, M. Lombroso parla de l'Anthropologie juridique aussi chaudement que le comportait l'illusion de sa parenté avec tous les progrès juridiques présents et futurs. Au Congrès même, l'Anthropologie juridique fut l'objet d'une vive résistance de la part de M. Tarde. Une protestation plus vive encore fut lancée, cette fois à la stupéfaction générale, contre l'Anthropologie criminelle elle-même, si modeste qu'elle fût, par le Dr Topinard (1). Cet anthropologiste essaya de montrer que « l'anthropologie n'étudie l'homme qu'au point de vue animal, qu'au point de vue physique »; c'est déjà quelque chose. Il dit que « l'anthropologiste doit être un anatomiste (médecin ou zoologiste), tandis que les connaissances ayant trait aux deux autres sciences (psychologie et sociologie) sont principalement d'ordre littéraire. » Il dit aussi que l'Anthropologie doit rester une science pure, ce en quoi nous sommes parfaitement d'accord. Il conseilla de faire de l'étude du crime et des criminels une science « autonome » la *criminalogie*. Il déclara s'en tenir à l'Anthropologie « telles que l'entendaient les Buffon, les Blumenbach, les Serres, les Broca et les de Quatrefages ». Nous ne critiquerons pas cette opinion plus qu'il n'est nécessaire; cependant, comme elle correspond à une conception d'autant plus répandue peut-être qu'elle est plus imparfaite, nous insisterons encore un peu sur le programme de l'Anthropologie. Je répondrai en même temps aux objections de M. Tarde avec plus d'espoir de persuader cet éminent juriste, car l'opinion qu'il a exprimée me paraît résulter précisément de malen-

(1) *Criminalogie et Anthropologie* (C. R. du Congrès, p. 489, suiv.).

tendus engendrés par l'imperfection actuelle de la science et de l'art dont il s'agit, et surtout de la forme très incomplète sous laquelle l'Anthropologie a été présentée aux juristes dans les congrès d'A. criminelle.

Nous allons d'abord montrer que les objections présentées par M. Tarde peuvent être adressées à l'Anthropologie des médecins légistes et à celle de M. Topinard, mais nullement à l'Anthropologie toute entière. Nous insisterons ensuite sur la nécessité de concevoir cette science telle qu'elle a été présentée dans le paragraphe I.

« Il n'est pas facile, dit M. Tarde (1), de savoir ce qu'on entend par l'introduction de l'Anthropologie au Droit civil. En Droit criminel, nous le savons, cela consiste à se préoccuper du *criminel* plus que du crime, à individualiser les questions. C'est fort bien ; mais si, pour faire pendant à l'Anthropologie criminelle, on tâche d'édifier l' « Anthropologie juridique », pourra-t-on faire de même et avec un égal succès ? Est-ce que, par hasard, on songerait à individualiser les dispositions légales, à les ajuster aux divers individus séparément, comme font, pour nos vêtements les tailleurs... Tel doit être l'art du législateur civilisé : découper des règles égales mais souples, qui se plient aisément à la taille des individus. Il y parvient d'autant mieux qu'il conforme davantage ses prescriptions aux besoins naturels, *ou devenus tels*, des justiciables ; et je veux bien qu'on applique le nom de Droit naturel, en le détournant un peu de son sens antique et stoïcien, à un certain idéal vague de législation qui serait, par hypothèse, — hypothèse réalisable ou non, — la perfection de cette conformité. Mais je ne puis admettre que, les besoins auxquels il s'agit de se conformer étant en partie, et en grande partie, le produit de la culture et des accidents historiques, il suffise d'avoir mesuré beaucoup de crânes humains de tous les temps et de toutes les races et même fait beaucoup de psychologie physiologique pour pouvoir dire le dernier mot à cet égard. Sans doute il importe, par exemple, de ne pas oublier, comme le font trop souvent les juristes, que la matière des successions se rattache intimement à celle de l'hérédité vivante, mais ce n'est pas une raison pour entrer à ce propos dans de longs détails sur l'hérédité des particularités anatomiques

(1) G. Tarde : *les Transformations du Droit* (Paris, Alcan, 1893, p. 5).

chez d'innombrables espèces animales, comme si l'on se persuadait que cette étude minutieuse peut seule fournir des lumières sur la question du meilleur régime successoral à adopter. »

Laissons de côté ces dernières lignes qui semblent viser quelque tentative particulière plus ou moins maladroite et abusive, comme il s'en produira certainement beaucoup. Il est à prévoir que, lorsque des rapports seront établis entre l'Anthropologie et le Droit, ces rapports nécessiteront une critique non moins sévère que celle actuellement usitée dans les rapports existants entre les sciences et beaucoup d'arts au grand bénéfice des unes et des autres.

Il ne s'agit pas ici d'envisager telle ou telle application ni même les écueils à éviter en général dans les applications futures de l'Anthropologie à l'art juridique; il s'agit seulement de savoir si de telles applications peuvent et doivent exister.

Nous avons d'abord à retenir, dans le passage reproduit ci-dessus, que l'auteur ne refuse nullement d'admettre la recherche d'un Droit naturel, c'est-à-dire conforme à la nature de l'homme en général, des divers groupes humains, des diverses catégories d'individus que l'on peut considérer dans chaque groupe et des diverses conditions sociologiques propres à assurer le bonheur et le progrès général, tout en donnant satisfaction dans la plus large mesure possible aux besoins individuels soit essentiels, soit acquis. Certes, si l'Anthropologie était réduite à des études de crâniométrie et de psychologie physiologique, les indications qu'elle pourrait fournir au Droit seraient relativement fort limitées, si nombreuses déjà fussent-elles. Mais s'il était démontré, comme je pense pouvoir le faire, que l'Anthropologie complète, telle qu'elle doit être nécessairement d'après sa raison d'être, est l'histoire naturelle de l'homme au double point de vue biologique et sociologique, qu'elle est la science dont le but est la connaissance aussi complète que possible de l'espèce humaine dans son ensemble, dans ses parties quelconques, sexes, âges, races, peuples, catégories d'individus et individus, alors il deviendrait évident pour tout juriste éclairé et progressiste comme M. Tarde, que le Droit, pour être conforme à la nature, doit s'inspirer dans la plus large mesure d'une telle science. Si celle-ci n'existait pas, il faudrait s'empresser de la constituer, l'entourer de la plus grande sollicitude, quand bien même elle ne devrait avoir d'autre but que celui d'indiquer au droit les faits et rapports avec lesquels il doit être en conformité pour se rapprocher du Droit naturel visé comme idéal.

Au début du passage cité plus haut apparaît nettement une autre méprise au sujet de l'Anthropologie et du genre des applications juridiques qu'elle comporte. En même temps apparaît la cause de cette méprise imputable à la forme médico-légale sous laquelle s'est présentée l'Anthropologie criminelle. Un médecin légiste et psychiâtre, professionnellement adonné à l'étude biologique des criminels, a cru trouver dans certaines particularités anatomiques et physiologiques liées à un retour atavique de tendances ancestrales la cause du crime; ce médecin est parti de là pour donner à sa théorie le nom d'Anthropologie criminelle, sans s'occuper de savoir ce qu'est un crime, chose en dehors de la psychiâtrie et de la médecine légale; il a voulu appliquer sa théorie à l'expertise en matière criminelle et y a vu, très légitimement, des possibilités d'applications pénales et pénitentiaires. Tout cela réuni a formé ce bloc dit Anthropologie criminelle qui n'a pas tardé à s'accroître d'un assez grand nombre de questions rattachées d'une part à la médecine légale ou judiciaire, et d'autres questions théoriques ou pratiques concernant soit la statistique criminelle, soit les diverses catégories de prisonniers, soit le régime pénitentiaire. Cet accroissement s'est évidemment produit en grande partie sous l'influence du besoin très généralement éprouvé, quoique rarement bien défini, de réformes nécessaires et sous l'influence de cette notion toujours grandissante : que les juges et tous ceux qui ont à s'occuper des criminels ont besoin d'être éclairés par la science sur les conditions biologiques de ces criminels, — d'où les diverses tentatives de classification des délinquants soumises aux divers congrès d'Anthropologie criminelle. Loin de moi l'intention de contester l'utilité de ces réunions et le haut intérêt des questions qu'on y a agitées. Je crois même que, peu à peu, ces congrès pourraient devenir de véritables congrès d'Anthropologie juridique dans le sens large que doit comporter, à mon avis, cette appellation. Je veux seulement faire observer qu'à part certaines tentatives isolées, leur tournure générale aussi bien que leur origine devaient faire naître l'opinion émise par M. Tarde : que l'introduction de l'Anthropologie en Droit criminel consistait simplement « à se préoccuper du criminel plus que du crime, à individualiser les questions » et qu'à un but analogue devait correspondre, par suite, l'idée d'appliquer également l'Anthropologie au Droit civil sous le nom d'Anthropologie juridique.

De la même façon, sans doute, s'est formée l'opinion d'un autre juriste, M. l'avocat G. Fiorretti, de Naples, auteur d'un intéressant rapport au congrès de Paris (1889) sur l'application de l'Anthropologie aux législations et aux questions de droit civil ; « La loi civile, dit-il, rétablit à l'aide de fictions juridiques cette égalité entre les hommes que la nature ne trouble que trop souvent. C'est là l'unique point de vue par lequel l'anthropologie peut se rattacher au droit civil ; l'anthropologie pourra aider à signaler et reconnaître les incapacités juridiques, aider à rechercher les moyens pour y remédier (1). »

On voit que, pour M. Fiorretti comme pour M. Tarde, l'application de l'Anthropologie au droit civil consisterait tout au plus dans l'éclaircissement de questions individualisées du genre de celles qui motivent l'intervention des médecins légistes dans certains procès criminels.

Or c'est beaucoup plus largement que l'on doit concevoir l'Anthropologie juridique, c'est-à-dire l'Anthropologie appliquée à la fois au Droit civil et au Droit criminel. C'est, il est vrai, sur des cas particuliers que les magistrats chargés d'appliquer les lois existantes ont reconnu la nécessité de consulter les médecins légistes, bien avant que la médecine légale eût commencé à prendre plus, ou moins à propos, un aspect anthropologique. Mais la portée de l'Anthropologie en matière de droit criminel ou civil est infiniment plus haute. Ce n'est pas seulement dans l'application des lois, mais encore dans leur réforme et leur confection que les juristes et les législateurs doivent prendre en considération la science anthropologique, s'ils ont quelque souci de régler les rapports des hommes entre eux conformément à la nature, c'est-à-dire de se rapprocher de l'idéal du Droit naturel, autrement dit d'un droit conforme aux réalités anatomiques, physio-psychologiques et sociologiques dont s'occupe l'Anthropologie.

Sans doute l'Anthropologie peut éclairer très utilement ce que l'on pourrait appeler la casuistique judiciaire, mais elle peut porter la lumière dans le Droit tout entier, encore que les lois doivent, comme le dit fort bien M. Tarde, être « des règles générales, architecturales d'aspect », et qu'elles soient impuissantes à s'accommoder à toutes les exigences particulières.

Il existe même sous ce rapport une ressemblance entre les lois

---

(1) C. R. du 2e Congrès international d'Anthropologie criminelle. Paris, 1889, p. 117.

civiles que nous fabriquons et les lois anthropologiques que nous arrivons à formuler. Ces dernières sont en effet, le plus souvent, comme les premières, des règles générales qui s'appliquent fort bien à des moyennes, à la majorité des cas dont se compose une certaine catégorie d'hommes, mais elles sont généralement trop simples, trop « architecturales » pour embrasser la complexité des cas individuels ou particuliers. Cela s'explique d'ailleurs très aisément, car si l'on envisage séparément les phénomènes d'ordre biologique et ceux d'ordre sociologique, la complexité de ces phénomènes, beaucoup plus grande que dans l'ordre physico-chimique, rend déjà difficile la découverte des lois qui régissent les phénomènes; or, en anthropologie, où il s'agit d'arriver à connaître des êtres humains indivis, tels qu'ils agissent, les phénomènes d'ordre biologique et d'ordre sociologique se compliquent encore mutuellement par leurs associations et leurs combinaisons.

Il en résulte l'impossibilité presque constante de formuler une loi quelconque, et surtout de l'appliquer à des individualités, sans être obligé de recourir à chaque instant à des réserves comme « toutes choses égales d'ailleurs, toutes autres conditions égales, en moyenne, en général », etc. Déjà en matière de médecine et d'hygiène, matière moins compliquée en somme que celle du Droit, l'on est obligé d'appliquer dans la plupart des cas des notions qui, malgré leur justesse, sont trop simples pour permettre de prévoir avec certitude et d'agir avec sûreté, à cause de la complexité des cas particuliers. On sait, par exemple, combien sont fréquentes les réserves faites devant les tribunaux par les médecins experts, et les dissidences en cas de double ou triple consultation. Et pourtant personne n'oserait contester la nécessité de recourir à la science du médecin, même dans les cas particuliers dont la complexité oblige l'expert à être « l'homme de l'Art » encore plus que l'homme de la science. La science du médecin est en très grande partie anthropologique. Elle est appliquée le plus souvent à des cas particuliers par nécessité, mais si l'on envisage la Médecine et l'Hygiène *in abstracto*, comme nous envisageons ici le Droit, l'analogie entre les rapports de l'Anthropologie avec les arts médicaux et ses rapports avec l'art juridique devient beaucoup plus évidente. Il s'agit alors, en effet, non plus des applications des lois actuellement existantes, mais de leur perfectionnement et de leur réforme qui s'opèrent, il est vrai, en partie, dans l'art médical comme dans le Droit, sous l'influence de tâtonnements, mais qui, en médecine, ont atteint des proportions grandioses, sous l'influence de données purement scientifiques.

Il n'est pas douteux que la science anthropologique pénètre de plus en plus la matière que régissent les codes juridiques ; et si les juristes ouverts à l'idée de progrès déclarent qu'ils ont besoin d'indications générales, les lois civiles devant être, avant tout, essentiellement générales, on peut leur répondre qu'ils trouveront dans l'Anthropologie actuelle ou future, précisément des indications de ce genre. Une société se compose, en définitive, d'hommes et de femmes, d'enfants, d'adolescents, d'adultes et de vieillards, de gens vigoureux et de faibles, d'individus supérieurs, moyens ou inférieurs intellectuellement, parfois de races très différentes, comme on le voit notamment dans les Amériques et dans nos colonies. La connaissance de tous ces éléments dont il faut régler les rapports sociaux relève évidemment de l'Anthropologie ; et si le Droit ne peut descendre jusqu'à la considération des cas individuels, qui rendrait sa tâche impossible, il faut au moins qu'il tienne compte des besoins généraux et de la valeur sociale des différentes catégories, sans quoi les lois civiles pourront être injustes et oppressives, engendreront mille sortes de souffrances et de crimes, laisseront perdre de grandes quantités de forces, ne se maintiendront qu'à l'aide de toute une armée policière, judiciaire, pénitentiaire, causeront des émeutes et finiront par amener des révolutions violentes.

Les émeutes et les révolutions sont ordinairement des rappels du Droit à la justice, de la loi tyrannique à la loi naturelle, qui peut avoir été contredite sciemment par le législateur, mais qui peut avoir été inconsciemment méconnue, soit par ignorance, soit sous l'influence de préjugés traditionnels que la science seule est capable de déraciner.

On objectera peut-être que les catégories énumérées ci-dessus, hommes et femmes, enfants et adultes etc., sont suffisamment connues sans le secours de l'Anthropologie pour que les lois civiles en vigueur dans les pays civilisés, lois issues d'une évolution vingt et quarante fois séculaires, soient conformes au Droit naturel, celui-ci ne devant pas être entendu comme exclusivement conforme à « l'état de nature » mais bien comme conforme à cet état modifié par la civilisation.

C'est bien ainsi que j'entends le Droit naturel, et je n'exclus pas de la nature, la civilisation. Mais sans méconnaître que la civilisation est un résultat naturel il faut reconnaître que la civilisation actuelle est, sous bien des rapports, très peu différente de la barbarie. Les progrès qu'elle est destinée à faire, il faut l'espérer, résulteront naturellement, comme par le passé, de faits heureux parmi lesquels on classera sans doute plus tard en première ligne les progrès de l'Anthropologie et leur influence sur l'évolution juridique.

Prenons comme seul exemple l'influence que peut avoir sur le Droit l'étude comparative des deux sexes dans l'espèce humaine aux points de vue anatomique, physiologique, psychologique et sociologique. Aucun juriste ne pensera, sans doute, que cette étude doive rester stérile en enseignements, et que le Droit puisse raisonnablement opposer d'avance à ceux-ci une fin de non recevoir, étant donné surtout que, jusqu'à présent, les législateurs se sont souciés en pareille matière, de motifs aussi étrangers que possible à l'histoire naturelle de l'homme.

Un juriste français a raconté, dans un livre que, malheureusement, je ne puis retrouver, comment fut fixé notre droit civil en ce qui concerne le régime des biens dans le mariage et les droits respectifs des deux époux.

La question paraissait être aussi difficile qu'importante aux yeux des jurisconsultes chargés de la confection du code civil, et ils discutaient longuement. Peut-être essayaient-ils, sans le savoir, de faire de l'Anthropologie, lorsque Napoléon impatienté vint les tirer d'embarras. « L'ange a dit à la femme : l'homme sera ton maître, et tu lui obéiras; » tel fut l'argument de l'empereur, et les jurisconsultes furent fixés.

Supposons que cette anecdote soit fausse; le code n'en serait pas moins tel que si elle était vraie. Si l'Ange n'a point dit cela et Napoléon non plus, il est certain que le Canaque mâle pense ainsi, et il est plus que probable que nos ancêtres paléolithiques ne pensèrent pas autrement. Il y avait pour cela des raisons éminemment naturelles qui n'ont pas cessé et qui ne cesseront pas d'exister. Il y a aussi des raisons pour qu'à l'homme faible l'homme fort dise : je serai ton maître et tu m'obéiras; ce que j'ai ne t'appartient pas, mais ce que tu as m'appartient si je le veux. Pour les mêmes raisons l'homme faible en dit autant à la femme plus faible que lui. A défaut de force musculaire, il peut invoquer l'autorité de l'Ange, celle de l'Empereur et celle de la Loi. Au nom de la Loi, le salaire de la femme ne lui appartient pas; le mari peut vendre le mobilier acheté par sa femme et dissiper le produit avec d'autres femmes, etc., etc. C'est du Droit civil, cela, et cela marche ainsi depuis longtemps : un siècle de consécration ajouté aux consécrations précédentes. La femme n'a qu'à s'arranger comme elle peut; la loi est au-dessus de ses atteintes.

Reste à savoir pourtant si, dans cette question, le Droit impérial, romain, canonique et canaque représente le dernier mot de la sagesse. La science a déjà fait disparaître certaines erreurs et certains préjugés relatifs à l'indignité du sexe féminin. Elle permet d'entrevoir que l'amélioration du sort de la femme et le relèvement de sa condition sociale peut avoir les conséquences les plus heureuses au point de vue de l'intérêt de l'enfant, de l'homme lui-même et de la société. Un peu plus de science ne pourrait-il contribuer à éclairer le Droit sur ce point et à rendre le sentiment des législateurs plus conforme à la Morale, c'est-à-dire au progrès et au bonheur? Comme l'Hygiène, la Morale se démontre, et le but du Droit est de rendre les lois conformes à la Morale. Nous n'avons pas ici à trancher la question qui vient d'être examinée à titre d'exemple; il s'agit seulement de montrer que des questions d'ordre anthopologique se posent pour le Droit civil, et un seul exemple me paraît suffire pour que tout juriste éclairé reconnaisse immédiatement que ces questions sont innombrables.

VI

Si les relations de science à art qui doivent exister entre l'Anthropologie et le Droit n'ont pas été aperçues de prime abord dans toute leur étendue par les juristes et sont méconnues même par un grand nombre d'anthropologistes, la raison principale en est que l'Anthropologie, contituée depuis peu de temps comme science distincte, est rarement envisagée dans toute la largeur que comporte sa définition et que lui assignent à la fois sa raison d'être et la classification naturelle des connaissances humaines.

Etude anatomique et physiologique des variétés humaines, des caractères ethniques, sexuels, individuels, des particularités normales ou anormales de conformation; comparaison anatomo-physiologique de l'espèce humaine avec les espèces voisines; étude des ossements humains préhistoriques; généalogie de l'espèce et des races, voilà ce qui semble généralement constituer l'histoire naturelle de l'homme. Ou du moins, c'est ce que certains anthropologistes, embarrassés de l'énorme quantité des questions chaque jour soulevées en dehors de ce cadre, ont pris le parti d'appeler « l'Anthropologie proprement dite », sans nier pour cela l'existence d'une anthropologie au sens large. La vérité, c'est qu'il existe diverses conceptions étroites et une conception complète de l'Anthropologie.

Les premières, bien loin d'assurer à cette science une place incontestée, tendraient au contraire à la faire considérer comme inutile puisque la raison d'être de l'Anthropologie est la nécessité d'une étude complète de l'homme, ainsi que je l'ai démontré, et qu'une anthropologie partielle pourrait rentrer dans un certain nombre d'autres sciences qui étudient partiellement l'homme chacune à son point de vue propre. C'est un bien pauvre argument, en pareille matière, que d'invoquer l'autorité de Buffon, de Blumenbach et de Broca. On pourrait aussi bien invoquer les noms, tout aussi respectables de Kant et d'Aristote, si l'on tient tant à conserver immuable la manière de voir des anciens. La conception de l'Anthropologie est succeptible d'évolution. Il serait étrange que l'on considérât comme nécessairement parfaite et définitive la forme conçue et développée par Broca lui-même, à l'époque où il organisait avec une ardeur admirable la culture et l'enseignement de l'Anthropologie, mais où le mot seul de *sociologie* choquait les pouvoir publics et même des anthropologistes. Broca fit preuve d'une telle largeur d'idées en définissant l'Anthropologie générale « la Biologie du genre humain » non sans indiquer parmi les questions anthropologiques nombre de questions étrangères à la Biologie, qu'il n'eût probablement pas hésité à associer au mot Biologie le mot Sociologie si ce dernier eût été accepté alors aussi généralement qu'aujourd'hui.

Quoiqu'il en soit, il importe beaucoup plus de savoir ce que doit être logiquement l'Anthropologie que de savoir ce qu'en pensaient Aristote, Buffon et Broca. Et comme les sciences continuent à se développer, à se grouper, à s'appliquer conformément à ces mêmes nécessités logiques et pratiques qui ont abouti à la classification exposée plus haut, l'Anthropologie prendra nécessairement l'extension et acquerra la portée si clairement indiquées par cette classification. Pour le moment, elle est en général comprise dans un sens plus étroit que celui que j'adopte ; c'est incontestable, mais le cadre dans lequel certains anthropologistes voudraient la maintenir est débordé chaque jour sous l'influence de la nécessité. Les résistances ne proviennent pas uniquement de la tendance naturelle de chaque savant à envisager trop exclusivement dans la science qu'il cultive la partie qui est l'objet ordinaire de ses recherches. En ce qui concerne l'Anthropologie, cette tendance ne pourrait donner lieu, d'ores et déjà, qu'à des prétentions difficilement justifiables, quel que fût le rétrécissement que l'on fit subir à la définition de cette science. Il faudra que les anthropologistes se résignent d'avance à être incomplets comme le sont les anatomistes, les chimistes, etc. Chacun devra se borner à une ou plusieurs parties, à un ou plusieurs points de vue plus ou moins larges.

Il existe un motif de résistance beaucoup plus sérieux provenant d'une difficulté très analogue à celle qui a donné lieu à tant de discussions relativement à la place de l'Astronomie parmi les sciences. Comme presque tous les phénomènes astraux accessibles à notre étude sont de l'ordre de ceux dont s'occupent les mathématiques, il en est résulté que l'Astronomie a paru devoir être classée dans la série des sciences générales, soit dans les Mathématiques, soit entre celles-ci et la Physique. Mais il existe cependant des connaissances d'ordre astronomique relevant de la Physique, de la Chimie : et si de telles connaissances n'existaient pas, on n'en admettrait pas moins théoriquement que les astres sont le siège de phénomènes d'ordre physique, chimique et même biologique aussi bien que de phénomènes mathématiques. Il suit que l'astronomie, comprise dans le sens d'étude complète des astres ou Cosmographie, doit être rangée dans la série des sciences d'êtres, ce qui n'empêche pas l'étude des astres d'être mathématique, physique, chimique suivant le genre de phénomènes envisagé.

De même, en matière d'anthropologie, se rencontrent des phénomènes d'ordre sociologique et d'ordre psychologique tellement nombreux que si l'on veut ranger dans l'Anthropologie l'étude de ces phénomènes humains, l'Anthropologie se trouvera pénétrée par la majeure partie de la Psychologie et de la Sociologie. Et pourquoi non ? Les êtres sont ce qu'ils sont ; il s'agit de savoir s'il est bon de les étudier dans toute leur complexité. Si c'est là justement la raison d'exister des sciences d'êtres, l'Anthropologie devra étudier l'homme psychologiquement et sociologiquement aussi bien qu'anatomiquement et physiologiquement. Il n'y a pas à s'offusquer de voir que la Sociologie entre pour une très grande part dans l'étude particulière de l'homme, pas plus qu'on ne trouve mauvais que les mathématiques entrent pour une part encore plus grande dans l'étude des astres. Il résulte de ce fait que les astronomes doivent avoir une haute culture mathématique. De même l'étude de l'anthropologie au point de vue des phénomènes sociaux, des influences sociales, comporte un certain degré de spécialisation dans l'ordre sociologique.

La Psychologie et la Sociologie humaines tiennent une si grande place dans la psychologie et la sociologie que, si l'on s'en tient à un examen superficiel de la question, ces deux sciences générales semblent être accaparées par l'Anthropologie, de telle sorte que deux sciences générales seraient absorbées par une science particulière. Mais il n'en est rien ; la Psychologie et la Sociologie ne rentrent pas dans l'Anthropologie. Il y a d'autres espèces que l'espèce humaine présentant des phénomènes de l'ordre psychologique et de l'ordre sociologique. Si l'on veut bien, d'autre part, réfléchir aux points de vue abstrait et concret, général et spécial importants à considérer dans la classification naturelle des sciences, on s'apercevra qu'il existe là de quoi différencier très suffisamment les études de psychologie et de sociologie générales et abstraites des études d'anthropologie psychologique et sociologique. Le but des premières étant la recherche des lois, le but des dernières étant la connaissance spéciale d'une classe et de catégories d'êtres, on verra peu à peu s'accentuer la différenciation des travaux et des investigateurs sous l'influence de la différence des points de vue. Sans doute les résultats acquis de part et d'autre s'ajouteront les uns aux autres, se compléteront mutuellement, se fondront ensemble de telle sorte que la Sociologie abstraite générale s'accroîtra des résultats obtenus en anthropologie sociologique et que, réciproquement, l'Anthropologie profitera des progrès de la science abstraite. La place occupée par l'homme est si grande et si élevée, en pareille matière, que la plupart des phénomènes étudiés seront humains et que les lois de ces phénomènes seront des lois anthropologiques aussi bien que psychologiques et sociologiques. Mais en quoi cela pourrait-il être fâcheux soit pour les deux sciences générales envisagées, soit pour l'anthropologie? Il ne peut en résulter qu'un profit pour les unes et pour l'autre, et il ne peut y avoir rien de choquant à ce que tels investigateurs soient anthropologistes en tant que sociologistes contribuant à la connaissance de l'homme, ou inversement. Et quand les points de vue des uns et des autres différeront, ce qui arrivera d'autant plus fréquemment que l'état des sciences en question sera plus avancé, cette différenciation des points de vue et celle des spécialités seront des conditions excellentes pour la culture de ces sciences.

Lorsque le professeur Serres intitula son cours au Muséum d'histoire naturelle de Paris, « Cours d'anthropologie », il obéit simplement au besoin de distinguer dans la mammalogie ou étude des mammifères l'étude spéciale de l'homme, et cet anatomiste enseigna l'anthropologie suivant ses moyens sans se préoccuper formellement de l'extension future, ni de la délimitation ni des applications de cette branche de la Zoologie. Quand son successeur, de Quatrefages, définit très justement l'Anthropologie « l'Histoire naturelle de l'Homme », il fut guidé par l'évidence et n'eut pas à se préoccuper davantage de la portée de cette définition. Lorsque Paul Broca fonda, en 1859, la Société d'Anthropologie de Paris dont les séances étaient ouvertement surveillées par la police, il déclara que le but de cette société était l'étude scientifique des races humaines. Ce but n'avait rien de plus ambitieux que celui d'une société précédente : la *Société ethnologique* fondée à Paris en 1839 par W. T. Edwards à l'instar de la Société ethnologique de Londres. Mais la logique a ses exigences, si bien que, dès son origine, la Société d'Anthropologie dépassait déjà dans ses discussions et par les travaux de ses membres son but ethnologique. Et lorsque Broca, en 1866, s'occupa d'indiquer le programme de l'Anthropologie, la définition qu'il développa fut la suivante : « L'Anthropologie est la science qui a pour objet l'étude du groupe humain considéré dans son ensemble, dans ses détails et dans ses rapports avec le reste de la nature (1).

Une telle définition ne diffère de celle adoptée par Quatrefages que par la précision supérieure des termes, et son ampleur ne saurait être dépassée. Elle est telle que Broca fut obligé de restreindre le programme qu'elle comporte dans les développements qu'il en donna, mais j'ai montré en 1889, dans mon travail déjà cité, la cause de cette restriction. Broca, n'étant guidé par aucune classification des sciences et ne voulant pas empiéter sur le domaine des sciences déjà constituées, se trouva d'autant plus embarrassé que l'étude de tout phénomène quelconque dans l'espèce humaine, comme dans toute autre catégorie d'êtres, relève nécessairement, au point de vue abstrait, d'une des sciences générales ; il n'y a pas de fait anthropologique (et zoologique) qui ne soit d'ordre anatomique, physiologique ou sociologique.

Aussi, après avoir fait des restrictions inutiles pour éviter ce qu'il croyait être des empiétements, Broca dut en venir, pour ne pas supprimer l'anthropologie, à cette formule qui rendait inutiles toutes ses restrictions : l'anthropologie générale est la biologie du genre humain.

(1) Paul Broca. Article *Anthropologie* du Dict. encycl. des sciences médicales, t. V. Paris, 1866 et *Mémoires d'Anthropologie*, t. I, p. 1.

J'ai déjà dit plus haut que cette formule serait satisfaisante si la sociologie ne s'y trouvait omise et j'ai indiqué les causes de cette omission. Elle n'est point due à ce que Broca considérait les faits humains d'ordre sociologique comme sortant du domaine de l'Anthropologie. En voici une preuve, entre autres, dans le passage suivant :

« Les influences sociales ne méritent pas moins d'attention, et, pour n'en citer qu'une seule, qui pourrait méconnaître l'importance anthropologique de l'institution du mariage et de ses diverses formes? La promiscuité des sexes, la polygamie, la polyandrie, la monogamie, ont des conséquences si différentes sous le rapport surtout de la sélection réciproque des parents et de l'éducation physique, intellectuelle et morale des enfants, qu'il n'en faut pas davantage, quelquefois, pour comprendre et expliquer les destinées d'une race. Dans l'ordre normal des choses, la femme n'a pas seulement pour fonction de mettre les enfants au monde et de les allaiter, mais encore de présider à leur première éducation pendant que l'homme se charge de pourvoir à la subsistance de la famille. Tout ce qui porte atteinte à cet ordre moral amène nécessairement une perturbation dans l'évolution des races; par conséquent la condition de la femme dans la société doit être étudiée avec le plus grand soin par les anthropologistes » (1).

Ces lignes suffiront pour montrer que Broca n'attachait pas moins d'importance à l'étude sociologique des sexes qu'à leur étude biologique et qu'il ne mettait pas plus l'une que l'autre hors de l'anthropologie. Il suffit qu'il ait manifesté aussi clairement son opinion relativement à l'étude d'une catégorie humaine naturelle prise comme exemple, pour qu'on ne se méprenne pas sur la largeur avec laquelle il concevait l'Anthropologie. On peut lui faire, au surplus, l'honneur de croire que s'il connaissait, en 1866, la nécessité du point de vue sociologique en anthropologie, il n'eût point regardé un quart de siècle plus tard, l'extension prise par ce point de vue, avec l'effarement d'une poule qui a couvé des œufs de cane et qui voit ses poussins aller à l'eau. Cela n'est point dit par besoin d'invoquer une autorité. Broca a vu plus loin que ses devanciers. Nous pouvons à notre tour voir plus loin que lui en montant, suivant l'image de Bacon, sur ses épaules.

(1) Paul Broca : *op. cit.* (Mémoires, T. I, p. 30).

A défaut de raisons logiques et de classifications, les nécessités pratiques seules suffisent pour rectifier les conceptions trop étroites du domaine anthropologique. Nous avons vu que l'Anthropologie actuelle est le résultat d'élargissements successifs et d'une spécialisation croissante imposés par des nécessités pratiques. Des nécessités analogues contribueront à réaliser le progrès ici proposé beaucoup mieux que toutes les démonstrations théoriques.

On veut étudier une race humaine dans un but purement ethnologique, mais on se trouve arrêté à chaque pas par des questions occurrentes dépassant l'ethnologie. Veut-on passer outre? Alors on décrit des caractères sans en comprendre le signification ni la portée, on observe mal, on voit ce qui n'existe pas, on ne voit pas des choses importantes, on interprète faussement des faits réels, etc.

On intitule un ordre d'études biologiques *anthropologie* et l'on s'aperçoit immédiatement qu'il n'y a pas moyen de traiter les questions qui semblent être le plus exclusivement du ressort de l'Anthropologie biologique sans entrer en pleine sociologie. Partout, en effet, les hommes vivent en société, et les sociétés humaines agissent à tel point sur les individus dont elles se composent que l'on peut à peine se faire une idée de ce que seraient les pensées, les sentiments, les actes d'un homme qui, dès son enfance, aurait été complètement soustrait à toute influence sociale. Tels qu'on peut les observer, les idées, les sentiments et les actes sont assurément l'expression de processus physiologiques, mais la physiologie ne parvient à nous montrer que le mécanisme et les conditions anatomiques de ces phénomènes. Pour peu que nous cherchions à expliquer les variations psychologiques dans une même espèce, une même race, nous voyons clairement que les causes de ces variations ne sont point seulement des différences anatomo-physiologiques et qu'il faut les chercher dans le milieu extérieur. Supposons deux hommes de même race et exactement semblables quant à leur conformation, mais plongés dans des milieux sociologiques aussi différents que le milieu australien et le milieu parisien, que le milieu ouvrier et le milieu bourgeois, que le milieu honnête et le milieu criminel; ces deux hommes, qui ne cesseront pourtant jamais de sentir, de penser et d'agir d'après leur commune conformation, pourront avoir des idées très différentes, des sentiments opposés, et leurs actes différeront du tout au tout (1).

(1) V. à ce sujet mon travail sur les *Aptitudes et les Actes*; *in Bull. de la Soc. d'anthr. de Paris* 1890. et *Revue scientifique* 1891.

Prenons une question biologique bien circonscrite : la question du rapport entre les variations du développement intellectuel et les variations du développement quantitatif de l'appareil cérébral intellectuel. Nous trouvons que ce rapport est étroit, nécessaire, et la méthode des moyennes en établit aussi nettement que possible l'existence. Mais si nous considérons deux hommes ou deux groupes humains en particulier, il semble souvent que le rapport en question s'évanouisse, parce qu'il se complique d'autres rapports, notamment parce que la diversité des influences sociologiques (instruction, éducation, langage, moyens de travail, fréquentations, profession, etc.) auxquelles sont soumis ces deux individus ou groupes d'individus suffit pour contrebalancer le rapport purement biologique, au point que le développement effectif de l'intelligence arrive parfois à être en raison inverse du développement de l'appareil intellectuel.

On pourrait faire des remarques semblables à propos de l'étude essentiellement anthropologique du caractère suivant les races, les sexes, les individus. D'autre part, l'étude exclusivement sociologique d'une catégorie humaine quelconque ne serait pas moins insuffisante, puisque les influences sociologiques qui entrent en jeu dans la détermination des qualités et des actes humains ont une valeur variable suivant les conditions biologiques avec lesquelles elles se combinent. Ni la Biologie ni la Sociologie utilisées isolément ne sauraient suffire pour faire comprendre la conduite d'un homme et surtout d'un groupe, ni pour diriger la conduite à tenir à son égard. Il faut, pour prévoir et pour pourvoir scientifiquement en pareille matière, une connaissance à la fois biologique et sociologique, c'est-à-dire anthropologique.

Tandis que les sciences générales, cherchent l'enchaînement des phénomènes en étudiant ceux-ci partout où ils se présentent, en faisant varier expérimentalement, si c'est possible, les conditions de leur production, et synthétisent sous forme de lois leur déterminisme, — les sciences d'êtres, comme l'Anthropologie, utilisant les données des sciences générales, envisagent les êtres dans toute leur complexité, et non pas *in vitro*, mais bien dans toute la complexité du milieu dans lequel ces êtres se meuvent. C'est ainsi que les sciences d'êtres, tout en apportant des données précieuses aux sciences générales, constituent des groupes de connaissances particulièrement appropriées au besoin que nous avons de comprendre les actions réciproques, non plus des phénomènes considérés en eux-mêmes séparément, mais bien des êtres considérés *in toto*, tels qu'ils agissent sur nous, et de diriger l'action que nous voulons exercer sur eux.

Plus un être est complexe, moins une science générale est apte à le comprendre et à diriger les arts dans leur action sur lui. C'est la raison d'être des sciences dites naturelles. La Météorologie étudie l'atmosphère et comporte par suite des points de vue physique, chimique et même biologique, envisagés isolément, mais beaucoup plus généralement, par la Physique, la Chimie, la Biologie. La prévision du temps relève pour cela de la Météorologie.

De même ni la Géométrie, ni la Physique, ni la Chimie ne suffisent isolément pour connaître un cristal. Un minéralogiste étudiera dans ce cristal des caractères géométriques, des caractères physiques et des caractères chimiques.

De même encore l'étude isolée soit de l'anatomie ou de la physiologie, soit de la sociologie des abeilles serait insuffisante pour guider l'art de l'apiculture. C'est une synthèse zoologique, l'apiologie, qui est appropriée à ce but.

L'Anthropologie synthétise de même la connaissance de l'homme et se trouve ainsi appropriée aux différents arts anthropotechniques.

Il est à espérer que la réapparition de l'Anthropologie sera, cette fois, définitive, et que les efforts de Broca pour organiser la culture et l'enseignement de cette science n'auront pas été prématurés. On ne la laissera pas dégénérer en une simple ethnologie. Elle a été conçue d'une façon suffisamment complète, comme Histoire naturelle de l'Homme, pour qu'elle puisse croître et atteindre le développement complet que comporte sa définition, son but et son utilité pratique. Elle grandit d'ailleurs sans cesse et son individualité semble être désormais à l'abri de toute tentative d'absorption.

Au surplus, fût-elle destinée à redevenir une simple virtualité, tout ce que j'ai voulu démontrer dans le présent travail n'en resterait pas moins vrai. La question que j'ai traitée n'est pas une question de vocables. Si l'on reconnaît que le Droit et les autres arts qui ont pour but la direction des hommes doivent s'inspirer de la connaissance scientifique de l'homme, il n'importe pas à ma thèse que cette connaissance porte le nom d'Anthropologie ni que ces arts soient groupés sous le nom d'Anthropotechnie. Ce qui est essentiel, c'est que les hommes qui doivent avoir pour mission de cultiver et d'exercer ces arts, reçoivent une instruction orientée scientifiquement. S'ils sont mis au courant de l'Anatomie, de la Physiologie, de la Psychologie et de la Sociologie humaine dans la mesure des besoins de leurs arts et de leur profession, personne n'empêchera qu'ils soient anthropologistes autant qu'ils doivent l'être, ainsi que le sont actuellement, en fait, les médecins.

La Morale, l'Education, le Droit et la Politique n'en resteront pas moins toujours des arts ayant une vie propre. Leur culture et leur exercice professionnel exigeront toujours une instruction spéciale et des qualités appropriées. En Médecine et en Hygiène, arts qui sont entrés depuis longtemps en relation intime avec la science, l'artiste est doublé d'un savant, mais il serait en vain savant, dans la pratique, s'il n'était en même temps artiste, au sens vulgaire de ce mot.

Aussi bien il serait ridicule de prétendre que la science va opérer dans le droit dans l'Education, la Morale, un bouleversement subit et complet. Ces arts ont acquis, dans le cours de leur évolution, nombre de pratiques, de préceptes, de principes qui, pour n'avoir pas une origine scientifique au sens le plus rigoureux, n'en dérivent pas moins d'observations très fines, d'essais très ingénieux, de tâtonnements fructueux, de nécessités inéluctables du genre de celles qui ont donné lieu à la formation et à l'arrangement spontanés des sciences indiqués plus haut. Il y a dans la Morale, depuis plus de deux-mille ans, des préceptes et des maximes dont la justesse semble défier toute tentative de perfectionnement. Le Droit, en s'y conformant, ferait des progrès plus considérables, à mon sens, que ceux dont l'Anthropologie actuelle est capable de lui indiquer la possibilité.

D'ailleurs, c'est surtout en éclairant la Morale que la science peut éclairer le Droit puisque celui-ci, d'après la définition proposée plus haut, (§ I), doit être édifié conformément à la Morale. C'est la Morale qui représente le Droit naturel, et la fonction législative devrait être de rendre effectif le Droit naturel dans la mesure où la réglementation et la sanction des préceptes moraux sont désirables et réalisables. L'utilité directe de la science en matière de Droit concernerait donc surtout la recherche de cette réalisation, tandis que la Morale chercherait d'une façon plus générale, à la lumière de la science, à constituer le Droit naturel.

C'est presque comme postulat que j'ai présenté, dans ce travail, la liaison étroite qui doit exister entre l'Hygiène, la Morale, le Droit et l'Education ainsi qu'entre ces arts et la science anthropologique, mais j'espère pouvoir bientôt montrer cette liaison plus clairement et dissiper, entre autres erreurs, cette opinion : que le Droit et la Morale sont plutôt en antagonisme avec les lois naturelles et notamment avec celles que Darwin a si bien mises en évidence. La doctrine de l'évolution et du transformisme est de nature à rendre ses adeptes progressistes en toutes choses et à fournir les plus précieuses indications sur les voies et moyens de réalisation du progrès moral. Ce n'est pas cette doctrine ni la philosophie inspirée par elle qui feront concevoir la possibilité de bouleversements ou de transformations de toutes pièces dans les arts anthropotechniques.

Il n'y a pas de doctrine qui puisse mieux faire comprendre le passé en même temps que susciter des inspirations plus sages et plus fécondes vers un état meilleur. C'est l'instruction trop exclusivement littéraire qui attire l'esprit vers des chimères juridiques et politiques au détriment des conceptions positives et pratiques.

Les applications de l'Anthropologie au Droit ne comportent pas la précision des applications de la Mécanique ou de la Physique aux Arts relativement simples. On n'agit pas sur un malade avec la même sûreté que sur une pièce métallique, on ne manie pas une société comme un individu, mais on a quand même besoin de la science pour se diriger dans l'art juridique autant que pour se diriger dans l'art médical et dans les arts industriels. Plus on sait et mieux l'on observe, mieux l'on comprend ce que l'on observe et plus l'on agit sagement en toutes choses. Pour obtenir une transformation progressive du Droit, la première réforme à accomplir est l'orientation largement anthropologique de l'instruction des futurs juristes et législateurs. Les théologiens n'ont pas dédaigné la science positive et ont su s'en servir dans la mesure que comportait leur métaphysique; les grands législateurs dignes de ce nom ont également mis à profit la science qu'ils pouvaient posséder; les juges et les administrateurs pénitentiaires ont eu recours à la science anthropologique en même temps qu'à l'art des médecins-légistes; la médecine légale s'est légèrement accrue (non sans subir une courte maladie de croissance représentée par la théorie lombrosienne) de façon à représenter incomplètement l'Anthropologie appliquée au Droit criminel. Sous cette forme rudimentaire, la science de l'homme n'est encore utilisée que par les juges et l'art pénitentiaire; cela ne suffit point. Il faut que l'Anthropologie, conçue aussi largement qu'elle doit l'être, pénètre jusque dans le domaine de la législation tant civile que pénale, et que tout juriste reçoive, dans la mesure des besoins de son art, une instruction anthropologique.

Dr L. MANOUVRIER,

Professeur à l'École d'Anthropologie.

www.ingramcontent.com/pod-product-compliance
Ingram Content Group UK Ltd.
Pitfield, Milton Keynes, MK11 3LW, UK
UKHW022142190726
13855UKWH00003B/1295

9 782013 570220